AF187294

Max Brennekam

Ein Beitrag zur Kritik der Kant'schen Ethik

Max Brennekam

Ein Beitrag zur Kritik der Kant'schen Ethik

ISBN/EAN: 9783744600033

Hergestellt in Europa, USA, Kanada, Australien, Japan

Cover: Foto ©Thomas Meinert / pixelio.de

Weitere Bücher finden Sie auf **www.hansebooks.com**

Ein Beitrag
zur Kritik der Kant'schen Ethik.

Inaugural - Dissertation

der

hohen philosophischen Fakultät der Universität Greifswald

zur

Erlangung der Doctorwürde

vorgelegt

und nebst den beigefügten Thesen

Sonnabend, den 1. Juni 1895,

nachmittags 3 Uhr

öffentlich verteidigt

von

Max Brennekam

aus Joachimsthal.

Opponenten:

Herr Dr. phil. Giese.

Herr Dr. phil. E. Schult

Greifswald.

Druck von Julius Abel.

1895.

Seinen lieben Eltern

in Dankbarkeit

gewidmet

vom Verfasser.

Einleitung.

Es bedarf gewissermassen der Entschuldigung, wenn man sich anschickt, die überreiche Kantlitteratur um einen neuen Beitrag zu vermehren. Welchen neuen Gesichtspunkt kann man noch geltend machen? Das Gebiet der Kant'schen Ethik hat sich Verfasser zum Thema genommen; eine Fülle von Arbeiten liegt hier vor, die merkwürdiger Weise zu sehr abweichenden Resultaten über die Kant'sche Ethik kommen. Ihre Hauptbedeutung hat man bald in diesem, bald in jenem Punkte erblickt. Wie ist es möglich, dass hier keine Übereinstimmung herrscht? Paulsen hat z. B. Kt.'s Verdienst in seiner Ethik allein in folgenden zwei Sätzen ausgesprochen. 1. Der Wert eines Menschen besteht nur im guten Willen und 2. Es giebt keine Tugend durch Zwang[1]). Ferner hat der Kant'sche freie Wille eine grosse Zahl Verehrer gefunden. Schopenhauer war hier der erste, welcher Kt. als Entdecker des menschlichen Urkernes pries, der im Willen bestehen soll. Deussen[2]) nennt als den wichtigsten Gedanken der Kant'schen Ethik die Selbstverleugnung, wobei er bedauert, dass Kt. diese asketische Tendenz nicht scharf genug ausgeprägt habe. Man ist so zu den abweichendsten Resultaten gekommen, die zu einer näheren Untersuchung auffordern. Zu Kt. selbst gilt es zunächst zurückzukehren und das Verständnis seiner Ethik aus dem Zusammenhange seines ganzen Systems zu gewinnen. — Kt. ist in erster Linie Erkenntnistheoretiker, und seine fundamentalste

---

[1]) Was uns Kt. sein kann? von Fr. Paulsen.
[2]) Der katege Imperativ von P. Deussen.

Bedeutung besteht in seiner Aufstellung des „reinen Bewusstseins".

„Zeigte sich die Unzulänglichkeit der Kartesischen Fundamentierung darin, dass als das erste in seinem Begriffe klare und unbezweifelbare Sein das konkrete Bewusstsein mit seinem empirischen Inhalte gesetzt wurde, so war es Kt.'s epochemachende That an dessen Stelle „das Bewusstsein überhaupt" oder das „reine Bewusstsein" also in Abstraktion von dem empirischen Inhalte (die synthetische Einheit der Apperception) zu setzen[1])". — Dass Kt. auf diesen neu entdeckten Eckstein jeglichen philosophischen Denkens nun auch seine Moralphilosophie gegründet habe, ergiebt die Untersuchung, dass unter Kt.'s Vernunft nur das „Bewusstsein überhaupt" verstanden werden kann. Hierin ist Kt.'s Bedeutung für die Ethik in erster Linie zu sehen; das Sittliche bekommt seine objektive Giltigkeit und wird begründet durch das „Bewusstsein überhaupt". Das Sinnliche erklärt nun Kt. als das Subjektive, das, was sich auf die Individualität des Einzelbewusstseins gründet. Hierin bestehen Kt.'s neue Entdeckungen für die Ethik. Ist Kt. auch bis zur letzten Konsequenz seiner grundlegenden Gedanken nicht durchgedrungen, so gilt es doch zunächst die Bedeutung dieser anzuerkennen.

Dass die Kant'sche Ethik so oft in ihrer Hauptbedeutung nicht verstanden ist, liegt wohl darin, dass sie nicht immer im Rahmen des ganzen Systems beurteilt wurde; denn daher allein lassen sich die vielen abweichenden Urteile erklären. Ist die Kant'sche Ethik nun oft in ihrer Bedeutung nicht verstanden worden, so ist sie auch häufig, vielleicht gerade deshalb, gar zu sehr herabgewürdigt worden. Man hat sie schliesslich so gut wie in die Ecke gestellt und nur wenige Gedanken aus ihr als brauchbar erklärt.

Wenn man der Kant'schen Ethik den Vorwurf machen will, dass sie Spuren der Senilität zeige, so kann dies nur mit Recht von der Metaphysik der Sitten behauptet werden.

---

[1]) Das metaphysische Motiv u. d. Gesch. d. Ph. im Umrisse von Schuppe. S. 25.

Seine „Grundlegung zur Metaphysik der Sitten" und seine „Kritik der praktischen Vernunft" verdient dieses Urteil keineswegs. Man meint, Kt. hätte durch seine Kr. d. pr. V. im Alter doch Frieden schliessen wollen und sei wieder zurückgegangen, indem er die Möglichkeit des Erkennens des Übersinnlichen, die er in der Kritik der reinen Vernunft verwarf, hier durch eine Hinterthür wieder aufnahm. Es sind dies reine Missverstände und bedürfen garnicht der Widerlegung. Aber doch ist dadurch von mancher Seite her gegen Kt.'s Ethik ein unberechtigtes Vorurteil entstanden, das schwindet, wenn man mit Kt.'s Gedanken Ernst macht.

Ein weiterer Vorwurf, dass Kt.'s sittlicher Purismus oder sein Bestreben, alle sinnlichen Triebfedern von den Beweggründen des Handelns auszusondern, in Rigorismus übergeht oder in die finstere Ansicht, dass die Pflicht immer nur mit Widerstreben gethan werde, hat nur eine gewisse Berechtigung. Meisthin machen sich nur die hier über Kt. lustig, die sich freuen, dem grossen Philosophen auch etwas am Zeuge flicken zu können. Ist zuzugeben, das Kt. im Alter diesen Rigorismus mehr an den Tag legte, so gilt es doch zu bedenken, was Kt. zu dieser Ansicht d. i. der Ausschluss des Gefühls und des materialen Bestimmungsgrund es gebracht hat und worin ihre Bedeutung liegt. Es wird sich dann herausstellen, dass Kt. hierdurch für die Ethik ein wichtiges Resultat gewonnen hat, wenn auch dadurch nicht das letzte Wort gesprochen ist. Dann ist aber auch, wie die folgende Untersuchung zeigen wird, in diesem seinen formalen Prinzipe nicht der wichtigste Gedanke seiner Ethik enthalten, sondern liegt, wie auch oben gesagt wurde, darin, dass durch die praktische Gattungsvernunft des Menschen der Ethik ein fester Grund gesichert wird. Mit diesem Vorwurfe kann also die ganze Kant'sche Ethik nicht abgethan sein.

Duch Missverständnisse und manche Vorurteile ist so die Kant'sche Ethik mehr und mehr in den Hintergrund getreten. Verf. hat es sich zur Aufgabe gestellt, der Kant'schen Ethik ihren gebührenden Platz zu sichern, indem eben ihre Bedeutung nachgewiesen wird. Diese ergiebt sich aus dem

Rahmen des ganzen Kant'schen Systems. Ist so der richtige Gesichtspunkt zur Beurteilung gefunden, so kann diese auch nicht mehr eine schwankende sein, wie bisher. Wir sagten schon oben, dass Kt. zur letzten Konsequenz seiner grundlegenden Gedanken nicht durchgedrungen ist. Es ist jetzt aber in einem neuen Systeme der Ethik ein Resultat gewonnen, das diese letzten Konsequenzen gezogen und so das ethische Problem zur Lösung gebracht hat. Es ist dies das in Schuppes Grundzügen der Ethik und Rechtsphilosophie entwickelte System der Ethik. Hier sind Kt.'s Grundgedanken aufgenommen, und die fruchtbaren Keime seiner Ethik zur Entwicklung gebracht worden. Verf. sieht hier die Bedeutung dieser Arbeit in der Wiederaufnahme der Kant'schen epochemachenden Grundgedanken. War Kt. nicht zur letzten Konsequenz durchgedrungen, so wird diese hier gezogen, und die Unklarheit, die über Kt.'s Lösung noch schwebt, gelüftet. Wo Kt. uns im Stiche lässt, setzt Schuppes Ethik ein. Wir finden hier Kt.'s Grundgedanken geläutert und geklärt wieder. Es ist merkwürdig, dass Kt.'s wichtige Gedanken fast 100 Jahre unberücksichtigt blieben und nicht verstanden wurden und jetzt erst zum Abschlusse gebracht sind. Im Jahre 1788 gab Kt. seine Kr. d. pr. V. heraus, und im Jahre 1881 erschienen die Grundzüge der Ethik und Rechtsphilosophie von Schuppe. Es ist selbstverständlich, dass das von Schuppe gewonnene Resultat hier nicht unberücksichtigt bleiben kann, denn dieses giebt uns geklärt das, was Kt. uns oft nur in weiten Umrissen andeuten konnte. Wir haben so an der Schuppe'schen Ethik, die auf Kt.'s Ethik sich aufbaut und über sie hinausführt, einen Massstab zur Beurteilung der Kant'schen. Da so mit den Resultaten des Schuppe'schen Ethik gerechnet werden muss, könnte die hier vorliegende Untersuchung vielleicht betitelt werden: „Kant's Ethik behauptet von Schuppe's Ethik". Insofern das Resultat der Schuppe'schen Ethik hier verwertet ist, hat dies seine Berechtigung. Da jener Titel aber mehr sagt als Verf. im Sinne hat, diese Arbeit selbst auch nicht ganz diesen Charakter trägt, ist an der jetzigen Bezeichnung festgehalten worden, wobei es dem Verf. bei den Ausführungen nicht auf eine specielle Darlegung aller einzelnen Teile der Kant'schen Ethik, sondern auf die Beurteilung der Grundgedanken ankam.

Die Citate „der Grundlegung zur Metaphysik der Sitten" u. „der Metaphysik der Sitten" beziehen sich auf die Paginierung der J. H. von Kirchmann'schen Ausgabe, Berlin 1870, die der übrigen genannten Schriften Kt.'s auf die Pag. der Reclam'schen Ausgabe, herausgegeben von Karl Kehrbach.

I.
Allgemeiner Charakter der Kant'schen Ethik.

Indem Kant an die Kritik des sittlichen Bewusstseins geht, sucht er nach seinem allgemeinen und notwendigen Charakter. Er fragt, mit welchem Rechte sittliche Urteile den Anspruch auf Apodikticität machen. Jede sittliche Beurteilung setzt ein Sittengesetz voraus, das a priori gilt. Es handelt sich nun darum, ob es ein allgemeines Sittengesetz giebt, und wie dessen Allgemeingültigkeit und Notwendigkeit eingesehen werden kann. „Der Aufsuchung des Sittengesetzes scheint nun die Schwierigkeit im Wege zu stehen, dass erfahrungsmässig der Inhalt desselben ein wechselnder und historisch betrachtet sogar ein schwankender ist. Heute und hier gilt anderes als sittlich als morgen und dort, und wenn sich so der Inhalt der sittlichen Prinzipien empirisch bedingt zeigt, was am allerwenigsten die kritische Philosophie leugnet, so bleibt der letzteren nur die Möglichkeit, die Apriorität des Sittengesetzes in derselben Richtung zu suchen, wo sie diejenige der Erkenntnis gefunden hatte, in einer formalen Bestimmung [1]). Diese formale Bestimmung trägt das Kant'sche Sittengesetz. Die nähere Begründung und Rechtfertigung des formalen Moralprinzips wird uns unten näher beschäftigen, hier brauchen wir zunächst nur mit diesem Resultate rechnen, dass das Sittengesetz, welches Kt. in seinem kategorischen Imperativ ausdrückt, formale Bestimmung trägt. Diesen kategorischen Imperativ haben wir in 3 Fassungen vor uns. In der Kt. d. pr. v. stellt Kt. folgendes Grundgesetz der reinen praktischen Vernunft auf: „Handle so, dass die Maxime deines Willens jederzeit zugleich als Prinzip einer allgemeinen Gesetzgebun

---

[1]) Windelband S. 110: Die Geschichte der neueren Philosophie. Band II 1880.

gelten könne"[1]). Kt. nennt dieses Gesetz „die allgemeine
Formel des kategorischen Imperatives", den er in der Gr. z.
M. d. S. ausdrückt: „Handle nach der Maxime, die sich selbst
zugleich zum allgemeinen Gesetze machen kann"[2]). „Man
thut besser", sagt er, wenn man in der sittlichen Beurteilung
immer nach der strengen Methode verfährt und die (genannte)
allgemeine Formel des kategorischen Imperativs zu Grunde
legt. Will man aber dem sittlichen Gesetze zugleich Eingang
verschaffen, so ist sehr nützlich, ein und ebendieselbe Handlung
durch drei Begriffe zu führen und sie dadurch, soviel sich
thun lässt, der Anschauung zu nähern"[3]). Hier weist Kt. auf
die vorher entwickelten Formeln hin. I. „Man muss wollen
können, dass eine Maxime unserer Handlung ein allgemeines
Gesetz werde; dies ist der Kanon der moralischen Beurteilung
derselben überhaupt"[4]). II. „Der praktische Imperativ wird
folgender sein: Handle so, dass du die Menschheit sowohl in
deiner Person als in der Person eines jeden Anderen jederzeit
zugleich als Zweck niemals blos als Mittel brauchst"[5]) III.
„Hieraus folgt nun das dritte praktische Prinzip des Willens
als oberste Bedingung der Zusammenstimmung desselben mit
der allgemeinen praktischen Vernunft, die Idee des Willens
jedes vernünftigen Wesens als eines allgemein gesetzgebenden
Willens[6]). Von diesen 3 Formeln des kategorischen Imperativs
sagt Kt.: „Die angeführten 3 Arten, das Prinzip der Sittlichkeit vorzustellen, sind aber im Grunde nur soviele Formeln
eben desselben Gesetzes, deren die eine die anderen zwei von
selbst in sich vereinigt. Indessen ist doch eine Verschiedenheit
in ihnen, die zwar eher subjektiv, als objektiv ist, nämlich
um eine Idee der Vernunft der Anschauung (nach einer gewissen Analogie) und dadurch dem Gefühle näher zu bringen".[7])

---

[1]) S. 36 Kt. d. pr. V.
[2]) S. 63. Gr. z. M. d. S.
[3]) Gr. z. M. d. S. 62 und 63.
[4]) S. 47 Gr. z. M. d. S.
[5]) S. 55 Gr. z. M. d. S.
[6]) S. 56 Gr. z. M. d. S.
[7]) Gr. z. M. d. S. 62.

Die rein formale Fassung des allgemeinen kategorischen Imperativs wird von Kt. so in den Vordergrund gestellt, und Kt. benutzt grade diese dazu, um seine Auffassung des Sittengesetzes von allen übrigen zu unterscheiden. So sagt Windelband: „Prinzipiell benutzt Kt. grade diese rein formale Fassung des kategorischen Imperativs, um seine Auffassung des Sittengesetzes gegen alle früheren energisch abzugrenzen"[1]). Die beiden anderen Arten, das Prinzip der Sittlichkeit vorzustellen, welche dadurch mehr in den Hintergrund treten, enthalten aber zu der ersten Form eine wesentliche Ergänzung. In der ersten Art des kategorischen Imperativs ist das oberste Prinzip der Moral in der reinen Form des Gesetzes der Gesetzmässigkeit aufgestellt. Durch die übrigen Arten des kategorischen Imperativs tritt aber ein neuer Gedanke auf, dass der Mensch als ein vernünftiges, zwecksetzendes und sich selbst Gesetz gebendes Wesen der einzige absolute Selbstzweck ist. Kt. sagt dazu: „Der Mensch und überhaupt jedes vernünftige Wesen, existiert als Zweck an sich selbst, nicht blos als Mittel zum beliebigen Gebrauch für diesen oder jenen Willen, sondern muss in allen seinen sowohl auf sich selbst, als auch auf andere vernünftige Wesen gerichteten Handlungen jederzeit zugleich als Zweck betrachtet werden"[2]). „Dieses Prinzip der Menschheit und jeder vernünftigen Natur überhaupt als Zweck an sich selbst muss aus reiner Vernunft entspringen, weil darin die Menschheit nicht als Zweck des Menschen (subjektiv) d. i. als Gegenstand, den man sich von selbst wirklich zum Zwecke macht, sondern als objektiver Zweck, der, wir mögen Zwecke haben, welche wir wollen, als Gesetz die oberste einschränkende Bedingung aller subjektiven Zwecke ausmachen soll, vorgestellt wird. Es liegt nämlich der Grund aller praktischen Gesetzgebung objektiv in der Regel und der Form der Allgemeinheit, die ein Gesetz zu sein fähig macht (nach dem ersten Prinzipe), subjektiv aber im Zwecke; das Subjekt aller Zwecke aber ist jedes vernünftige

---

1) S. 115 Windelband: Die Gesch. d. n. Phil. Band II.
2) Gr. z. M. d. S. 52.

Wesen als Zweck an sich selbst; (nach dem zweiten Prinzip).
Hieraus folgt nun das dritte praktische Prinzip des Willens
als oberste Bedingung der Zusammenstimmung desselben mit
der allgemeinen praktischen Vernunft die Idee des Willens
jedes vernünftigen Wesens als eines allgemein gesetzgebenden
Willens"[1]. In den beiden letzten Arten, das Prinzip der
Sittlichkeit vorzustellen, wird die Forderung ausgesprochen,
einem aus reiner Vernunft entsprungenen Gesetze Folge zu
leisten. Die Befolgung solcher Gesetze wird von dem sittlichen Willen verlangt, aber dieser auch unbedingt, welche er
sich selbst gegeben hat, die auf die allgemeine praktische
Vernunft des Menschen sich gründen. In dieser Fähigkeit,
selbst gesetzgebend zu sein, besteht des Menschen Würde, d.
i. sein innerer Wert. „Die Würde der Menschheit besteht
eben in der Fähigkeit, allgemein gesetzgebend, obgleich mit
dem Beding, eben dieser Gesetzgebung zugleich selbst unterworfen zu sein"[2]. Diese Würde der Menschheit soll der
Mensch sowohl in seiner Person, als auch in der Person jedes
Anderen jederzeit achten und die Person immer zugleich als
Zweck nie blos als Mittel gebrauchen. Würde kommt nur
demjenigen zu, was an und für sich ein Zweck und um dessen
allein Willen das Übrige da ist. „Das, was die Bedingung
ausmacht, unter der allein etwas Zweck an sich selbst sein
kann, hat einen inneren Wert, d. i. Würde. Nun ist Moralität
die Bedingung, unter der allein ein vernünftiges Wesen Zweck
an sich selbst sein kann, weil nur durch sie es möglich ist,
ein gesetzgebend Glied im Reiche der Zwecke zu sein. Also
ist Sittlichkeit und die Menschheit, sofern sie derselben fähig
ist, dasjenige, was allein Würde hat"[3]. Gebührt im ersten
und eigentlichsten Sinne des Wortes Würde allein dem Sittengesetz selbst, so teilt sich dem Menschen doch, der sich selbst
dieses Sittengesetz giebt, jene Würde des Sittengesetzes mit.
Windelband sagt hier: „Indem der Mensch sich das Sitten-

[1] Gr. z. M. d. S. 55 u. 56.
[2] Gr. z. M. d. S. 62.
[3] Gr. z. M. d. S. 60.

gesetz selber giebt, indem er aus Achtung vor diesem Gesetze
ohne alle Interessen seiner Neigung in pflichtmässiger Gesinnung dies Gesetz befolgt und sich so mit ihm identificiert,
teilt sich ihm jene Würde des Sittengesetzes mit und in der
Welt der Erscheinungen ist deshalb die menschliche Person,
als ein vernünftiges, zwecksetzendes und sich selbst Gesetze
gebendes Wesen der einzige, absolute Selbstzweck, der die
Bedingung aller relativen Zwecke enthält und demgegenüber
alle übrigen Erscheinungen Sachen sind. Mit dieser Überlegung geht der kategorische Imperativ aus der rein
formalen in eine inhaltliche Bestimmung über; und das
Gesetz der Gesetzmässigkeit verwandelt sich in das
Gesetz von der Wahrung der Menschenwürde" [1]). Das „du
sollst" des allgemeinen kategorischen Imperativs befiehlt, ohne dass
über Recht und Verpflichtung wir unterrichtet sind, während es
in den anderen Formen zum Ausdruck kommt, dass das Sollen
als eigentliches Wollen unserer vernünftigen Natur sich erklären lässt, und wir den Gesetzen folgen, welche die Vernunft
des Menschen, aber kein fremder Wille uns diktiert. Die
beiden Angelpunkte der Kant'schen Ethik haben wir so vor
uns: 1. das rein formale Moralprinzip des kategorischen
Imperativs, ausgedrückt im Gesetz der Gesetzmässigkeit
und 2. das Gesetz von der Wahrung der Menschenwürde, d. i. die Forderung, seinem eigenen inneren Zwecke
gemäss zu leben, die Zusammenstimmung seines Willens mit
der allgemeinen praktischen Vernunft des Menschen zu be-
wirken. Wie oben gesagt wurde, geht hier die rein formale
Bestimmung des Sittengesetzes in eine inhaltliche über, und
wir können so von einer Doppelseitigkeit der Kant'schen
Ethik reden. Auf der einen Seite steht der rein formale
Charakter, auf der andern, wie wir es in einem Worte aus-
drücken können, die „Autonomie", m. a. W. die Begründung
des Sittengesetzes durch die allgemeine, praktische Gattungsvernunft des Menschen. Sind dies die Hauptpunkte der
Kant'schen Ethik, so fragt sich nun, worin liegt ihre Be-

1) S. 117 Windelband. D. Gesch. d. n. Ph.

deutung für die Ethik, und wie haben sie das ethische Problem
gefördert. Fragen wir uns zuerst, worin die Bedeutung des
formalen Moralprinzips liegt, so wird im folgenden sich zeigen
lassen, dass dadurch ein wichtiges Resultat für die Ethik gewonnen ist, dieses Resultat aber doch nur für jede künftige
Ethik propädeutische Bedeutung haben kann. Prüfen wir,
welche Bedeutung der zweiten Seite der Kant'schen Ethik
beizumessen ist, so wird sich nachweisen lassen, dass grade in
diesen Ueberlegungen Kt.'s die fruchtbarsten Gedanken zur
Lösung des ethischen Problems liegen. Kt. gründete das Sittengesetz auf die praktische Gattungsvernunft des Menschen, wodurch seine Objektivität gesichert ist, denn wie die Kant'schen
Kategorien ihre objektive Giltigkeit dadurch bekamen, dass
sie gegründet waren auf die reine Vernunft, so bekommt hier
die ganze Kant'sche Ethik einen Halt, da ihre objektive
Giltigkeit gesichert ist durch die praktische Gattungsvernunft
des Menschen. Kt.'s Ethik zeigt in diesen Untersuchungen
noch viele Unklarheiten. Er war auf dem richtigen Wege
einer Lösung des ethischen Problems, doch ist es ihm nur
gelungen, in weiten Umrissen manches anzudeuten, das der
Klärung bedarf. Die in der Einleitung genannte Schuppe'sche
Ethik hat es übernommen, die Kant'schen Grundgedanken
hier aufzunehmen, und sie erst führt uns zu einem Resultate,
wodurch wir die Lösung des ethischen Problems erreicht sehen.

II.

Der formale Charakter der Kant'schen Ethik, seine Rechtfertigung und Bedeutung.

Warum ist das Kant'sche Moralprinzip nicht material, sondern formal? In der Grundlegung zur Metaphysik der Sitten und in der Kritik der praktischen Vernunft begründet es Kt., dass das Gesetz der Sittlichkeit niemals eine einzelne bestimmte Handlung verlangen, sondern nur eine formale Bestimmung enthalten kann. Bereits in den Vorbereitungen für diese Fundamentaluntersuchung im ersten Abschnitte der Gr. z. M. d. S. sehen wir fast unmerklich die charakteristischen Züge angelegt, welche die Eigentümlichkeit der Kant'schen Moralphilosophie ausmachen. In der Gr. z. M. d. S. sucht Kt. zunächst durch eine Analyse der natürlichen sittlichen Vorstellungsweise den Begriff des Moralischen aufzufinden und will von der gemeinen sittlichen Vernunfterkenntnis zur philosophischen vordringen. Er bezeichnet deshalb seinen ersten Abschnitt der Grundlegung: „Übergang von der gemeinen sittlichen Vernunftserkenntnis zur philosophischen."

Das Prädikat „gut" pflegt in seinem sittlichen Sinne wohl auch Handlungen beigelegt zu werden, die den Anforderungen des Sittengesetzes entsprechen, doch geschieht dies nur im übertragenen Sinne; im schärfsten Sinne des Wortes kann einschränkungslos nur eins für gut gelten können: ein guter Wille: „Es ist überall nichts in der Welt, ja überhaupt auch ausser derselben zu denken möglich, was ohne Einschränkung für gut könnte gehalten werden als allein ein guter Wille" [1]). Gut ist aber nur derjenige Wille zu nennen, dessen Handlung „aus Pflicht" geschieht. Wer aus Pflicht etwas thut, dessen Verhalten hat

---

[1]) Gr. z. M. d. S. 10.

allermeist den eigentlichen moralischen Wert[1]). Kt. sagt dann weiter: „Der zweite Satz ist: eine Handlung aus Pflicht hat ihren moralischen Wert nicht in der Absicht, welche dadurch erreicht werden soll, sondern in der Maxime, nach der sie beschlossen wird, hängt also nicht von der Wirklichkeit des Gegenstandes der Handlung ab, sondern blos von dem Prinzipe des Wollens, nach welchem die Handlung, unangesehen aller Gegenstände des Begehrungsvermögens geschehen ist[2]). Der unbedingte moralische Wert kann nirgend anders liegen, als im Prinzipe des Wollens, unangesehen der Zwecke, die durch solche Handlung bewirkt werden können. Der Wille ruht dann zwischen seinem Prinzipe a priori, welches formell ist und zwischen seiner Triebfeder a posteriori, welche materiell ist. Irgend wodurch muss der Wille bestimmt werden, so wird er durch das formelle Prinzip des Wollens überhaupt bestimmt werden müssen, wenn eine Handlung aus Pflicht geschieht, da ihm alles materielle Prinzip entzogen worden ist. Kt. drückt nun seinen dritten Satz so aus: „Pflicht ist Notwendigkeit einer Handlung aus Achtung fürs Gesetz"[3]). Was den Willen bestimmen kann, ist objektiv nur das Gesetz, subjektiv reine Achtung für das praktische Gesetz. Ist die Vorstellung des Gesetzes an sich selbst der Bestimmungsgrund des Willens, nicht die erhoffte Wirkung, so macht dies das vorzüglich Gute aus, welches wir sittlich nennen. Die Absichten, die wir bei Handlungen haben und ihre Wirkungen als Zwecke und Triebfedern des Willens haben keinen unbedingten moralischen Wert. „Ist der Wille aller Antriebe beraubt, so bleibt nichts übrig, als die allgemeine Gesetzmässigkeit der Handlungen überhaupt, die allein dem Willen zum Prinzip dienen soll, d. i. ich soll niemals anders verfahren, als so, dass ich auch wollen könne, meine Maxime solle ein allgemeines Gesetz werden"[4]). Haben unsere Maximen die Form dieser Gesetzmässigkeit, so sind sie moralisch; wo

---

[1]) cf. Gr. z. M. d. S. S. 10—20.
[2]) Gr. s. M. d. S. 18.
[3]) Gr. z. M. d. S. 18.
[4]) cf. Gr. z. M. d. S. 20.

der Handelnde selbst diese Gesetzmassigkeit nicht wollen kann, da ist seine Handlung unmoralisch. Die Selbstliebe mit ihren Triebfedern kann kein allgemeines Gesetz werden, denn die Maxime des Egoisten kann als Gesetz für alle nicht gelten. Die Handlung aus Selbstliebe ist darum nie moralisch, wenn sie auch ihrem Inhalte nach ganz pflichtmässig ist; es ist also nicht der Inhalt, sondern lediglich die Form der Handlung, die den moralischen Wert ausmacht. Das Moralprinzip ist nicht material, sondern formal. Die allgemeine Gesetzmässigkeit der Handlungen überhaupt ist also dadurch zum Prinzipe der Sittenlehre erhoben. Dieses formale Moralprinzip ist in Kt.'s kategorischem Imperative ausgesprochen. Als Imperativ deshalb, weil die sittlichen Gesetze in unserem Bewustsein erscheinen als die Vorstellung von etwas, was wir thun sollen; es sind Gesetze des Sollens, die den sogenannten Naturgesetzen als denjenigen des Müssens gegenüberstehen. Kategorisch bezeichnet sie Kt. im Unterschiede von den hypothetischen. Er sagt dazu in der Gr. z. M. d. S. 36: „Alle Imperativen gebieten entweder hypothetisch oder kategorisch. Jene stellen die praktische Notwendigkeit einer möglichen Handlung als Mittel zu etwas anderem, was man will (oder doch möglich ist, dass man es wolle) zu gelangen vor. Der kategorische Imperativ würde der sein, welcher eine Handlung als für sich selbst, ohne Beziehung auf einen anderen Zweck als objektiv notwendig vorstellt"[1]). In der Kr. d. pr. V. 22 drückt sich Kt. folgendermassen aus: „Die Imperativen selber aber, wenn sie bedingt sind, d. i. nicht den Willen schlechthin als Willen sondern nur in Ansehung einer begehrten Wirkung bestimmen d. i. hypothetische Imperativen sind, sind zwar praktische Vorschriften aber keine Gesetze. Die letzteren (die kategorischen) müssen den Willen als Willen, noch ehe ich frage, ob ich zwar das zu einer begehrten Wirkung erforderliche Vermögen habe oder was mir, um diese hervorzubringen, zu thun, hinreichend bestimmen, mithin kategorisch sein, sonst sind es keine Gesetze, weil ihnen die Notwendig-

---

[1]) Gr. z. M. d. S. 36.

keit fehlt, welche, wenn sie praktisch sein soll, von patho-
logischen, mithin dem Willen zufällig anklebenden Bedingungen
unabhängig sein muss"[1]). Würden die Imperative den Willen
in Ansehung einer begehrten Wirkung bestimmen, so wären
sie bedingt, ein kategorischer Imperativ als unbedingter darf
aber von einem bestimmten inhaltlichen Zwecke nicht abhängig
sein, da er dadurch aufhört Gesetz zu sein. Eine inhaltliche
Bestimmung des Sittengesetzes entbehrt der Notwendigkeit,
also kann der kategorische Imperativ nur formal gedacht
werden. Sollte das oberste Prinzip der Sittenlehre einen bestimmten besonderen Inhalt repräsentieren, so wäre es von
diesem abhängig und entspräche nicht mehr dem Begriffe
eines unbedingten und absoluten Zweckes. Während das
Hypothetische in den Imperativen grade darin besteht, dass
sie ihre Vorschrift von einem bestimmten inhaltlichen Zwecke
abhängig machen, kann ein kategorischer Imperativ, der be-
dingungslos gelten soll, niemals eine einzelne bestimmte Handlung verlangen, sondern nur eine formale Bestimmung enthalten. Das oberste Gesetz der Sittlichkeit kann nur im
Gesetze der Gesetzmässigkeit bestehen.

In tieferer Begründung als in der Gr. z. M. d. S. setzt
Kt. in der Kr. d. pr. V. es auseinander, dass das Sittengesetz
nur formalen Charakter tragen kann. Kt. stellt hier folgende
Lehrsätze auf: Lehrsatz I: „Alle praktischen Prinzipien, die
ein Objekt des Begehrungsvermögens als Bestimmungsgrund
des Willens voraussetzen, sind insgesammt empirisch und können
keine praktischen Gesetze abgeben"[2]). Lehrsatz II: „Alle
materialen praktischen Prinzipien sind, als solche insgesammt
von einer und derselben Art und gehören unter das allgemeine
Prinzip der Selbstliebe oder eigenen Glückseligkeit"[3]). Lehrsatz III: „Wenn ein vernünftiges Wesen sich seine Maximen
als praktische, allgemeine Gesetze denken soll, so kann es
sich dieselben nur als solche Prinzipien denken, die nicht der

[1]) Kr. d. pr. V. 22.
[2]) Kr. d. pr. V. 23.
[3]) Kr. d. pr. V. 24.

Materie, sondern bloss der Form nach den Bestimmungsgrund des Willens enthalten"[1]). Den ersten Lehrsatz begründet Kt. durch den Nachweis, dass die Materie des Begehrungsvermögens, worunter er einen Gegenstand versteht, dessen Wirklichkeit begehrt wird, doch stets als Bedingung die Lust des Subjekts an der Wirklichkeit dieses Gegenstandes hat. A priori kann nun aber von keiner Vorstellung irgend eines Gegenstandes erkannt werden, ob sie mit Lust oder Unlust verbunden sein werde. „Also muss in solchem Falle der Bestimmungsgrund der Willkür jederzeit empirisch sein, mithin auch das praktische materiale Prinzip, welches ihn als Bedingung voraussetzt"[2]). Ein solches Prinzip kann somit kein praktisches Gesetz abgeben. Der zweite Lehrsatz verweist nun alle materialen praktischen Prinzipien unter das allgemeine Prinzip der Selbstliebe oder eigenen Glückseligkeit. Allgemeine Regeln der Geschicklichkeit können die Prinzipien der Selbstliebe enthalten, aber praktische Vorschriften, die sich auf sie gründen, können niemals allgemein sein, denn der Bestimmungsgrund des Begehrungsvermögens ist auf das Gefühl der Lust und Unlust, das niemals als allgemein auf dieselben Gegenstände gerichtet, angenommen werden kann, gegründet[3]). Kann nun kein Prinzip als praktisch allgemeines Gesetz der Materie nach den Bestimmungsgrund des Willens enthalten, so kann es ihn nur der Form nach enthalten. Denn allein die blosse Form einer allgemeinen Gesetzgebung bleibt übrig, wenn man von einem Gesetze alle Materie, d. i. jeden Gegenstand des Willens davon absondert[4]). Dahin spricht sich Kt.'s dritter Lehrsatz aus: „Wenn ein vernünftiges Wesen seine Maximen als praktische allgemeine Gesetze denken soll, so kann es sich dieselben nur als solche Prinzipien denken, die nicht der Materie sondern bloss der Form nach den Bestimmungsgrund des

[1]) Kr. d. pr. V. 31.
[2]) Kr. d. pr. V. 24.
[3]) cf. Kr. d. pr. V. S. 30.
[4]) cf. Kr. d. pr. V. S. 31.

Willens enthalten[1]). Fassen wir kurz die Kant'schen Grundgedanken, die ihn zu seinem formalen Prinzipe der Sittenlehre
brachten, zusammen, so ergiebt sich, dass das Gefühl wie die
inhaltliche Bestimmung des Sittengesetzes aus Kt.'s Ethik gewiesen wird, weil beide empirischen Charakter tragen. Es
ist erfahrbar, was Lust und Unlust bringt, und die Objekte
des Willens können allein in der Erfahrung gefunden werden.
Was gewollt wird und gewollt zu werden pflegt, ist schon
alles gewollt worden und lässt sich nur erfahren, und dem-
gemäss lässt sich auch a priori nicht ermessen, was gewollt
werden kann. Der Inhalt der Handlung ist der Bestimmungsgrund unseres Willens. Materiale Beweggründe kennen wir
aber nie von Haus aus, sondern stets aus der Erfahrung.
Stets handeln wir aus Beweggründen. Als Beweggründe
kennen wir nun die Gefühle der Lust und Unlust. Was mir
aber Lust und Unlust bringt, kann immer nur erfahren werden.
Alles, was empirisch ist, ist nun nicht notwendig. Erfahrung
kann niemals Notwendigkeit aufzeigen. Wenn also ein Objekt
des Willens mit dem Charakter des Notwendigen in der Erfahrung nicht auffindbar ist, und wenn doch Notwendigkeit
und Allgemeinheit für das Sittengesetz verlangt wird, so kann
diese überhaupt nicht im Objekte oder Inhalte des Willens liegen.

Warum kann Erfahrung uns aber niemals Notwendigkeit
zeigen? Schliesst wirklich der empirische Charakter der inhaltlichen Bestimmung des Sittengesetzes und der des Gefühls
Notwendigkeit aus? Wir müssen hier auf Kt.'s Sinn des
Empirischen näher eingehen. Was versteht Kt. darunter und
warum kann das Empirische keine Notwendigkeit aufweisen?
Kt. spricht sich darüber in der Einleitung zur Kr. d. r. V.
I. Idee der Transcendentalphilosophie folgendermassen aus:
„Erfahrung sagt uns zwar, was da sei, aber nicht, dass es
notwendiger Weise so und nicht anders sein müsse. Des-
halb kann die Erfahrung uns nun keine wahre Allgemeinheit
geben, sondern allgemeine Erkenntnisse, die zugleich den
Charakter der inneren Notwendigkeit haben, müssen von der

---

[1]) Kr. d. pr. V. S. 31.

2

Erfahrung unabhängig, vor sich selbst klar und gewiss sein. Man nennt sie daher Erkenntnisse a priori; da im Gegenteil das, was lediglich von der Erfahrung erborgt ist, wie man sich ausdrückt, nur a posteriori erkannt wird"[1]). Von den empirischen, aposteriorischen Erkenntnissen im Unterschiede von den apriorischen sagt Kt. dann weiter: „Nun zeigt es sich, welches überaus merkwürdig ist, dass selbst unter unsere Erfahrungen I sich Erkenntnisse mengen, die ihren Ursprung a priori haben müssen und die vielleicht nur dazu dienen, um unseren Vorstellungen der Sinne Zusammenhang zu verschaffen. Denn, wenn man aus dem ersteren auch alles wegschafft, was den Sinnen angehört, so bleiben doch gewisse ursprüngliche Begriffe und aus ihnen erzeugte Urteile übrig, die gänzlich a priori unabhängig von der Erfahrung II entstanden sein müssen, weil sie machen, dass man von den Gegenständen, die den Sinnen erscheinen, mehr sagen kann wenigstens es sagen zu können geglaubt, als blosse Erfahrung II lehren würde, und dass Behauptungen wahre Allgemeinheit und Notwendigkeit enthalten dergleichen empirische Erkenntnis nicht liefern kann"[1]). Der Sinn der ersten Erfahrung („dass selbst unter unsere Erfahrungen sich Erkenntnisse mengen") ging auf alles, was wir als Bewusstseinsinhalt haben, auf alles Wahrgenommene und Begriffene[2]) zugleich, unter der Erfahrung, von der Kt. dann spricht ist aber die Wahrnehmung, die wahrnehmbare Thatsache als solche allein zu verstehen, d. i. das Haben sc. im Bewusstsein haben des ursprünglich Gegebenen. Wenn Kt. nun noch einen Unterschied macht zwischen diesem „im Bewusstsein haben", das doch schon denken ist, allerdings im allgemeinsten Sinne, und zwischen einem noch anderen Denken, worauf er in seinem „Verstande" abzielt, so muss dieses Denken[3]) in den Dingen und Ereignissen stecken, welche diese ganze scheinbar unmittelbar gegebene Welt ausmachen, das Denken muss in demjenigen bestehen, wodurch das ursprünglich Gegebene zu Dingen und Ereignissen wird. Jenes

[1]) Kr. d. z. V. 35.
[2]) cf. Rehmke, „Die Welt als Wahrnehmung und Begriff".
[3]) cf. zu den folgenden Ausführungen. Schuppe: Grundriss der Erkenntnistheorie und Logik S. 35.

Gegebene sind die Empfindungsinhalte, die beziehungslos neben-
und nacheinander Raum und Zeit erfüllen. Diesen beziehungs-
losen Empfindungsinhalt nennt Kant die zusammenhangslosen
Vorstellungen der Sinne. Die Empfindungsinhalte, das, was die
Sinne bieten, werden a posteriori genannt, weil wir, was wir
da erfahren werden, doch stets abwarten müssen, und niemand
im voraus erraten kann, was es da alles giebt. Erst durch
die Thatsache der eintretenden Empfindung erfahren wir es.
Zum Dinge mit Eigenschaften und zum Ereignisse gehört mehr.
im Gegensatze zu dem a posteriori wird dasjenige, was noch
dazu gehört, deshalb a priori genannt, weil es von vornherein
für alle Fälle im Subjekte als Bedingung der Erfahrung fest-
steht. Aus den blossen Sinnesdaten ist es nicht herauszu-
analysieren, es muss zum Bewusstsein selbst gehören. „Wenn
dieses Gemeinte doch absolut nicht aus den blossen Sinnesdaten, rot z. B. oder süss, oder warm herausanalysiert werden
kann, also sicherlich nicht mit zu demjenigen gehört, was der
Sinnesnerv bietet, so bleibt kein anderer Schluss, als dass es
in dieser seiner Notwendigkeit eben zum Bewustsein gehören
oder dass es in oder an diesem liegen muss, dass nichts ihm
gegeben sein, nichts sein Inhalt sein kann, ohne diese Bestimmung auf sich zu nehmen oder mit ihnen zugleich bewusst zu werden. Das Sich ihrer Bewusstsein oder ihr Auf-
und Hervortreten im Bewusstsein ist dann im Gegensatze zu
dem ursprünglich Gegebenen der Sinne das Denken im
engeren Sinne oder das Denken als solches, in diesem Gegensatze selbstverständlich a priori¹)". Wir haben so das gewonnen,
worauf Kt. in seiner Gegenüberstellung von der „Erfahrung"
und dem was „der Verstand thut" abzielt. Das Gegebene als
Empfindungsinhalt natürlich schon im Bewusstsein liegend,
zum Denken im allgemeinsten Sinne gehörig und das
Denken im engeren Sinne, das Denken als solches:
Wodurch das ursprünglich Gegebene also das zusammenhangs-
lose Neben- und Nacheinander der blossen Empfindungsinhalte
oder Wahrnehmungsinhalte die Welt der Dinge mit ihren
Eigenschaften und die Welt der Ereignisse wird, das ist, was

cf. Schuppe: Grundriss der Erkenntnistheorie u. Logik, S. 36.

2*

das Denken als solches ausmacht, während unter „Erfahrung" Kt. die Sinnesdata als solche d. i. das Gegebene als solches versteht. Kt.'s Sinn geht nun dahin, dass dieses Gegebene als solches, das was die Sinne bieten, nichts von Notwendigkeit enthalte. Es ist immer nur Thatsache, dass jemand in bestimmtem Zeitpunkte an bestimmtem Orte einen Sinneseindruck hat. Das blosse Sinnesdatum rein als solches, die blosse äusserlich und die innerlich wahrnehmbare Thatsache als solche enthält keine Notwendigkeit d. h. die Notwendigkeit gehört nicht selbst zum Wahrgenommenen. Diese blosse äusserlich und innerlich wahrnehmbare Thatsache, welche rein als solche nichts von Notwendigkeit in sich enthalten kann, versteht nun Kt. unter seiner „Erfahrung". So kann denn von Erfahrungsmässigen, Empirischen nichts Notwendiges ausgesagt werden. Demnach kann auch nichts Empirisches zur Aufstellung allgemeingültiger und notwendiger Sätze verwandt werden.

Da nun das Gefühl und die inhaltliche Bestimmung des Sittengesetzes empirischen Charakter trägt, für das Sittengesetz aber Notwendigkeit und Allgemeingültigkeit verlangt wird, so kann das Sittengesetz keinen materiellen Bestimmungsgrund enthalten

Wir haben so Kt.'s Begründung seines formalen Moralprinzips verfolgt und sehen uns gezwungen, seine Rechtfertigung anzuerkennen. Dass das Moralprinzip eine einzelne bestimmte Handlung nicht verlangen kann, hat Kt. bewiesen. In der Geschichte der Ethik ist dieses Resultat Kt.'s von grosser Bedeutung. Jede empiristische Ethik hat er dadurch unmöglich gemacht, indem er die Haltlosigkeit des empiristischen Standpunkts nachweist, der nie wahre Allgemeinheit und Notwendigkeit für sich beanspruchen kann. „Alles, was empirisch ist, ist als Zuthat zum Prinzip der Sittlichkeit nicht allein dazu ganz untauglich, sondern der Lauterkeit der Sitten selbst höchst nachteilig"[1]). Die Erfahrung, sagt Kt., ist die Mutter des Scheins. „In Ansehung der sittlichen Gesetze aber ist die Erfahrung (leider!) die Mutter des Scheins; und es ist höchst verwerflich, die Gesetze über das, was ich thun soll, von demjenigen herzunehmen, oder dadurch einschränken zu

---

[1]) Gr. z. M. d. S. 50.

wollen, was gethan wird"[1]). Alle Versuche der Vergleichungen
des Erfahrungserhaltes, der Aussonderung des Verschiedenen
und Zusammenstellung des Gemeinsamen können uns hier das
erwünschte Resultat nicht geben.

Es fragt sich nun, können wir bei dem Kant'schen Resultate, das er in seinem formalen Moralprinzipe niedergelegt
hat, stehen bleiben, oder bietet sich noch ein weiterer Weg,
über Kt. hinauszugehen? Kt. hat nachgewiesen, dass eine
einzelne bestimmte Handlung kein Sittengesetz verlangen kann,
da ihre Notwendigkeit nicht beweisbar ist, denn wir bleiben
auf dem Boden des Empirismus stehen, wenn wir einen
materialen Bestimmungsgrund suchen. Könnte aber auf anderem
Wege vielleicht die Notwendigkeit eines Objektes für das
Sittengesetz beweisbar sein? Die erkenntnistheoretische Logik
lehrt uns, dass auf empirischen Wege Notwendigkeitsaussagen
unmöglich sind; erst durch das induktive Verfahren der Begriffsanalyse können Notwendigkeiten festgestellt werden. Erst
durch Reflexion des Denkens auf seinen Inhalt ist es
möglich, einzelne Bestandteile in diesem als notwendige
zu erkennen. Eine logische Begriffsanalyse kann uns dies
allein leisten. Durch sie hat man das „Gegebene als solches"
und „das Denken als solches" herausgefunden, man hat Notwendigkeiten im Gegebenen und Gesetze im Denken aufstellen
können. Mit Hilfe der logischen Begriffsanalyse können wir
auch in unserer Frage allein Aufschluss erwarten. Die erkenntnistheoretische Logik hat es ausgemacht, dass Notwendigkeitsaussagen nie auf Konkretes, Veränderliches, sondern
stets auf Abstraktes, Unveränderliches sich beziehen können.
So sagt Rehmke: „Freiheit ist nur vom Konkreten, und Notwendigkeit nur vom Abstrakten auszusagen. Wenn wir auch
im Sprachgebrauche darauf stossen, dass Notwendigkeit ebenfalls von Konkretem und Freiheit ebenfalls von Abstraktem
ausgesagt wird, so zeigt ein näheres Hinsehen doch immer,
dass auch diese Aussage der Notwendigkeit „eigentlich" nur
auf ein bestimmtes Abstraktes geht und auf das Konkrete nur
„uneigentlich", nur in dem Sinne, als das „eigentlich" gemeinte

---

[1]) Kt. d. z. V. S. 277.

Abstrakte Bestimmtheit des in der Aussage genannten Konkreten ist."[1]) Dies war ja auch m. a. W. das Kant'sche Resultat, dass eine Notwendigkeitsaussage im Konkreten, Veränderlichen, mit dem der Empirismus nur rechnen kann, unmöglich sei. Wäre es möglich, eine inhaltliche Bestimmung des Sittengesetzes, ein notwendiges Objekt, das unter allen Umständen gewollt werden muss, zu finden, so kann dieses nur als ein Abstraktum, Unveränderliches sich erweisen, das allein auf dem Wege einer logischen Begriffsanalyse zu finden wäre. Kt.'s Ethik schliesst mit dem wichtigen Resultat, dass im Konkreten, Veränderlichen, kein notwendig gewolltes Objekt zu finden ist. Kt. sieht sich so gedrängt, sein formales Prinzip aufzustellen. Es bleibt aber ausserdem die Möglichkeit, dieses, wenn es überhaupt eins giebt, im Abstrakten, Unveränderlichen, von dem allein Notwendigkeitsaussagen möglich sind, zu entdecken. Der Schuppe'schen Ethik ist es nun gelungen, das gesuchte notwendige Objekt in dem Abstraktum, „Bewusstsein überhaupt" zu finden und die Tauglichkeit dieser inhaltlichen Bestimmung des Sittengesetzes nachzuweisen.

Fassen wir kurz unser bisheriges Resultat zusammen, so ergiebt sich, dass Kt. durch die Aufstellung seines formalen Prinzips zur Förderung des ethischen Problems Bedeutendes beigetragen hat, denn er hat jeder künftigen Ethik dadurch den Weg gewiesen, in dem er ihr den empirischen Boden entzog und die weiteren Untersuchungen dorthin lenkte, wo Allgemeingiltigkeit und Notwendigkeit allein gefunden werden kann: im Abstrakten, Unveränderlichen. Kt. selbst ist auch auf diesem Boden weitergegangen; denn er gründet, wie unsere weitere Untersuchung zeigen wird, seine Ethik auch auf ein solches Abstraktum, auf die allgemeine praktische Gattungsvernunft des Menschen, wodurch dann sein formales Moralprinzip doch in eine inhaltliche Bestimmung übergeht. Diese zweite Seite der Kant'schen Ethik hat uns nun demnächst zu beschäftigen.

---

[1]) Rehmke, cf. Lehrbuch d. allgem. Psychologie S. 434.

III.

Kant's Vernunft als Bewusstsein überhaupt. Verhältnis des Bewusstseins überhaupt zum Bewusstseinsindividuum.

Wir hatten oben gezeigt, dass Kt.'s rein formale Fassung des Sittengesetzes, im Gesetze der Gesetzmässigkeit ausgedrückt, eine Umwandlung erfährt aus der rein formalen in eine inhaltliche Bestimmung im Gesetze von der Wahrung der Menschenwürde. Diese Würde des Menschen besteht darin, dass der Mensch sich selbst das Sittengesetz zu geben fähig ist, dass nicht von aussen her, sondern von seiner eigenen praktischen Vernunft das Sittengesetz stammt. In dieser vernünftigen Natur liegt die Würde des Menschen. Das Gesetz von der Wahrung der Menschenwürde ist somit ein Gesetz, das die Zusammenstimmung des Willens mit der allgemeinen praktischen Vernunft fordert. Das Sittengesetz ist dadurch inhaltlich bestimmt durch diese Vernunft; diese ist dann das notwendig gewollte Objekt.

Indem Kt. auf die praktische Vernunft des Menschen das Sittengesetz gründet, will er es zurückgeführt sehen auf die im Subjekte gelegene Bedingung, auf ein a priori. Wie Kt.'s Anschauungsformen und Kategorien als im Subjekt liegend nachgewiesen sind, so soll nun auch das Sittengesetz sich a priori nachweisen lassen. Hierdurch begründet Kt. seine objektive Geltung. Wie ist diese dadurch gesichert? Kt.'s Apriorismus scheint sich so als Subjektivismus zu erweisen. So ist auch die Kant'sche Philosophie schon charakterisiert worden, wie Windelband sagt: „Die Nachfolger haben Kt.'s Philosophie als subjektiven Idealismus oder als Subjektivismus charakterisiert, und in den historischen Darstellungen ist diese Bezeichnung vielfach adoptiert worden. Die wenigsten wissen, was sie bedeutet. Sie will besagen, dass der Kriticismus seinen Standpunkt lediglich in der menschlichen Vernunft nimmt. Er lässt alle die Meinungen dahin gestellt, welche, sei es im populären Bewusstsein, sei es in philosophischen Versuchen, vor ihm über das Verhältnis dieser menschlichen Vernunft zu den Dingen zu Subjekten und Objekten aufgestellt sind, und er sucht lediglich die notwendigen und allgemeinen Prinzipien auf, welche in den Formen der Vernunft begründet sind. Es ist in dieser Hinsicht nichts als eine Selbsterkenntnis der menschlichen Vernunft[1]). Die Bezeichnung „Subjektivismus" für Kt.'s Philosophie ist insofern berechtigt. Kt. führt uns überall auf die im Subjekte gelegene Bedingung. Welcher Art ist aber das Subjekt? Dieses Subjekt erweist sich nun nicht als das konkrete Bewusstsein mit seinem empirischen Inhalte, sondern als das gattungsmässige Bewusstsein. Von Kt.'s „Subjektivismus" zu reden kann so nur cum grano salis verstanden werden; nicht das konkrete Bewusstsein mit seinem empirischen Inhalte haben wir vor uns, sondern das Bewusstsein überhaupt. „Zeigte sich zunächst das Unzulängliche der Kartesischen Fundamentierung darin, dass als das erste in seinem Begriffe klare und unbezweifelbare Sein das konkrete Bewusstsein mit seinem empirischen Inhalte gesetzt wurde, so war es Kt.'s epochemachende That, an dessen Stelle „das Bewusstsein überhaupt" oder „das reine Bewustsein" also in Abstraktion von dem empirischen Inhalte („die synthetische Einheit der Apperception") zu setzen[2]). Berkeley wusste die Objektivität seiner Ideen nicht anders zu begründen, als dass er sie eben in Gott begründet sah. Kt. gründet die der Kategorien auf das gattungsmässige Bewusstsein des Menschen. Was auf diesem neu entdeckten Kant'schen Ecksteine ruht, hat objektive Gültigkeit. Auf dem Gebiete der Ethik begründet Kt. die Objektivität des Sittengesetzes ebenso. Die objektive Verbindlichkeit des Sittengesetzes ist gesichert, wenn wir es a priori begründen können. Das Subjekt, in dem Kt. das

[1] Windelband S. 107 d. Gesch. d. neueren Philos. Band II.
[2] Das metaphysische Motiv und die Gesch. d. Ph. in Umrissen von Schuppe S. 25.

Sittengesetz begründet sieht, muss auch das gattungsmässige
Wesen des Menschen sein. Dieses Subjekt ist die Vernunft.
Kt. kennt den Menschen als sinnlichen und verständigen[1]).
Was kann er als vernünftiger noch ausserdem sein? Was versteht Kt. unter seiner Vernunft? Kt. sagt: „Alle unsere Erkenntnis hebt an von den Sinnen, geht von da zum Verstande
und endigt bei der Vernunft"[2]). — Was aber noch weit mehr
sagen will, ist dieses, dass gewisse Erkenntnisse sogar das
Feld aller möglichen Erfahrung verlassen, und durch Begriffe,
denen überall kein entsprechender Gegenstand in der Erfahrung gegeben werden kann, den Umfang unserer Urteile
über alle Grenzen derselben zu erweitern, den Anschein haben.
Und gerade in diesen letzteren Erkenntnissen, welche über die
Sinnenwelt hinausgehen, wo Erfahrung gar keinen Leitfaden
noch Berichtigung geben kann, liegen die Nachforschungen
unserer Vernunft"[3]). Während der Verstand Mannigfaches
zur Einheit verknüpft, ist es die Aufgabe der Vernunft, das
Mannigfache des Verstandes zur letzten Einheit zu verknüpfen,
die Vernunft ist also das Vermögen des Menschen, diese
letzten Einheiten aufzustellen und der Trieb des menschlichen
Bewusstsein, das Unbedingte zu finden. „Was uns notwendig
über die Grenze der Erfahrung und aller Erscheinungen hinauszugehen treibt, ist das Unbedingte, welches die Vernunft
in den Dingen an sich selbst notwendig und mit allem Recht
zu allem Bedingten und dadurch die Reihe der Bedingungen
als vollendet verlangt"[4]). Es ist „der Grundsatz der Vernunft überhaupt, zu dem bedingten Erkenntnisse des Verstandes das Unbedingte zu finden, womit die Einheit desselben
vollendet wird"[5]). Die mögliche Vernunfteinheit ist das Bedürfnis der Vernunft[6]). „Alles aus einem Prinzipe ableiten
zu können, ist das unvermeidliche Bedürfnis der menschlichen

---

[1]) Kr. d. r. V. Einleitung, S. 47.
[2]) Kr. d. r. V. S. 264.
[3]) Kr. d. r. V. S. 36.
[4]) cf. Kr. d. z. V. Vorrede zur zweiten Ausgabe, S. 19.
[5]) Kr. d. r. V. 270.
[6]) Kr. d. r. V. 271.

Vernunft, die nur in einer vollständig systematischen Einheit ihrer Erkenntnisse völlige Zufriedenheit findet"[1]). Die Vernunft ist auch ein Denken. Jedes Denken ist Denken von etwas, ohne das Denken keinen Sinn hat. Der Unterschied zwischen der „Vernunft" und dem „Verstande" liegt in der Verschiedenheit ihres Objektes. Die Vernunft ist insofern ein höheres Denken, als es zum Objekte das Mannigfaltige des Verstandes hat. Eine neue Denkart haben wir in der Vernunft nicht, es giebt nur eine Art des Denkens. Was mit Vernunft bezeichnet ist, ist das unter den Verstandeserkenntnissen Einheit schaffende Denken. Es ist das Streben, jegliches zum einheitlichen Ganzen zu gestalten und in einem Gesamtsysteme zu begreifen. Worauf Kt. abzielt, wird noch aus folgenden Stellen einleuchten. „Durch einen solchen Beweis von der Macht der Vernunft aufgemuntert, sieht der Trieb zur Erweiterung keine Grenzen"[2]). — „Der Reiz, seine Erkenntnisse zu erweitern, ist so gross, dass man nur durch einen klaren Widerspruch, auf dem man stösst, in seinem Fortschritte aufgehalten werden kann"[3]). Deckt sich hier oder ist dieser Trieb zur Erweiterung unserer Erkenntnisse selbst das, was Kt. Vernunft nennt, so kommt zu dem, was Kt. der Vernunft zuschreibt, noch der Trieb zur „Zergliederung der Begriffe", d. i. der Durchforschung dieser, wir können ihn auch den Trieb zu verstandesmässiger Durchdringung unserer Kenntnisse nennen. Kt. sagt: „Ein grosser Teil und vielleicht der grösste von dem Geschäfte unserer Vernunft besteht in Zergliederung der Begriffe, die wir schon von den Gegenständen haben"[4]). 3 Momente sind es also, welche Kt. als wesentliche Merkmale in seiner „Vernunft" hervorhebt, wir erkennen in ihr das Einheitsstreben, den Erkenntnistrieb und den Trieb zu verstandesmässiger Durchdringung. Diese 3 Punkte kennzeichnen das Wesen des Denkens[5]) selbst. Was Kt. so-

---

[1]) Kr. d. pr. V. 110.
[2]) Kr. d. r. V. 37.
[3]) Kr. d. r. V. 37.
[4]) Kr. d. r. V. 38.
[5]) cf. hierzu Schuppe. Was sind Ideen? aus der Zeitschrift für Phil. u. ph. Kritik. Band 82 1. u. 2tes Heft. Halle 1883.

mit hier unter Vernunft versteht, kann nichts anderes sein als das Wesen und die Grundnatur des Denkens selbst. Es ist die innerste Natur des Denkens, jenem Ziele zuzustreben. „Und eben diese innerste Natur lässt uns auch in dem unaufhörlichen Streben nach Vervollständigung der Wahrnehmungen des thatsächlichen Materials keinen zweiten zu dem Triebe nach begrifflicher Klärung und Beherrschung eines Kreises von Wahrnehmungen hinzukommenden und ihm fremden Faktor erkennen. Denn es ist nicht wahr, dass eine vollendete Erkenntnis auf beschränktem Gebiete möglich wäre, und dass somit der Trieb nach Erweiterung des Gebietes unabhängig von dem ersten hinzuträte; vielmehr macht die Grundannahme, dass alles Denk- und Wahrnehmbare unter sich zusammenhängend auf's innigste übereinstimme, einleuchtend, dass Widersprüche vorhanden sind, solange nicht Vollständigkeit der Kenntniss erreicht ist." — „Hoffentlich zweifelt niemand daran, dass aller Mangel unserer Erkenntnis sich als Widerspruch auf irgend einem Punkte fühlbar macht. Solches ist zur Zeit auf allen Gebieten vorhanden, und die Grundnatur des Denkens, oder was dasselbe ist — das Wesen des Wahrheitsbegriffs zeigt, dass unerschöpfliche Erweiterung der Kenntnisse die Bedingung seiner Besiegung ist[1]). Diese Grundnatur des Denkens können wir allein in Kt.'s Vernunft ausgedrückt sehen. Sie gehört zum Wesen des Bewusstseins d. h. zu demjenigen, worin eben unsere Existenz besteht. — Was ist nun unter der Grundnatur des Denkens zu verstehen?

Denken im allgemeinsten Sinne heisst sich einer Sache bewusst sein, etwas im Bewusstsein haben[2]). Kt. hat nun schon durch seine Unterscheidung von Aposteriorischem und Apriorischem, welche uns oben schon beschäftigt hat, von diesem Denken im allgemeinsten Sinne das reine Denken, das Denken als solches unterschieden. Dieses Denken besteht in demjenigen, wodurch das ursprünglich Gegebene d. i. die

[1]) Schuppe, Erkenntnisstheoretische Logik über „Wahrheit" S. 672.
[2]) cf. zu den folgenden Ausführungen Schuppe: Grundriss der Erkenntnisstheorie und Logik S. 35—39.

Empfindungsinhalte, welche beziehungslos neben- und nacheinander wechselnd Raum und Zeit erfüllen, zu Dingen und Ereignissen wird. Zu demjenigen, was die Sinne bieten, kann es nicht gehören, es muss so (in dieser seiner Notwendigkeit) zum Bewusstsein gehören, es muss an diesem liegen, dass nichts sein Inhalt sein kann, ohne diese Bestimmungen auf sich zu nehmen oder mit ihnen zugleich bewusst zu werden. Das Sichihrerbewusstsein oder ihr Auf- und Hervortreten im Bewusstsein ist dann im Gegensatze zu dem ursprünglich Gegebenen der Sinne das Denken im engeren Sinne oder das Denken als solches. Das Auftreten dieser Bestimmtheiten im Bewusstsein ist dann die Thätigkeit des Denkens. Ohne Gegebenes können sie nicht gedacht werden, sie existieren also von vornherein in unserem Bewusstsein nur als Bestimmungen von Gegebenem. Daher haben sie dieselbe Objektivität wie das Gegebene. Ohne diese Bestimmungen giebt es keine Wirklichkeit des Gegebenen, kann überhaupt nichts als Inhalt des Bewusstseins gedacht werden. Sie gehören also zum Bewusstsein überhaupt d. h. dem gattungsmässigen Wesen der individuellen Bewusstseine, und darin liegt auch ihre objektive Geltung. Es giebt ohne sie kein Wirkliches, dessen wir uns bewusst werden könnten; sie konstituieren also erst die wirkliche Welt als den notwendigen gemeinsamen Teil der Bewusstseinsinhalte.

Das Denken als solches besteht so, wie wir sehen, in den Bestimmtheiten des Gegebenen, und die Thätigkeit des Denkens ist das Auftreten dieser Bestimmtheiten im Bewusstsein. Durch dieses Denken ist also Bewusstseinsinhalt erst ermöglicht. Denken ist somit dasjenige, was das Bewusstsein in erster Linie ausmachen muss. Bewusstsein heisst zunächst Sichseinerbewusstsein[1]. Man ist sich seiner bewusst aber allein in allem, was man erlebt, gesehen, gehört, gefühlt und gethan hat. Man ist sich seiner bewusst in dem, dessen man sich bewusst ist. Dieses Sichbewusstsein ist nun Denken. Denken besteht in der Anwesenheit eines Etwas im Bewusst-

---

[1] cf. Schuppe: Grundriss d. Erkenntnistheorie u. Logik S. 16.

sein als sein Objekt. Wir können so Denken und Bewusstsein identisch brauchen, denn nur im Denken besteht das Bewusstsein.

Das Denken ist etwas, was in den einzelnen Subjekten vor sich geht und nur in einem solchen existieren kann. Wenn nun auch Denken als konkretes d. i. zeiterfüllender Vorgang immer Denken eines Individuums ist, so meinen doch die Fragen der Erkenntnistheorie und Logik immer das Denken überhaupt niemals das individuelle Denken als solches. Durch das Denken erst war Inhalt des Bewusstseins möglich, ohne dieses konnte nur von reinen Empfindungsinhalten gesprochen werden. Es ergiebt sich so die Notwendigkeit des Denkens (Bewusstseins), um eine Welt mit Dingen und Ereignissen zu haben. Was hiermit festgestellt ist, ist etwas, was dem gattungsmässigen Wesen der individuellen Bewusstseine zukommt. Wir haben es nur zu thun mit dem Bewusstsein überhaupt.

Unter Kt.'s Vernunft können wir also dann „das Bewusstsein überhaupt" verstehen. Wenn Kt. den oben dargelegten Gedanken von der Grundnatur des Denkens auszudrücken sucht, durch das Streben zum „Unbedingten" aufzusteigen, so hat er gewiss das Problem in eine falsche Fassung gebracht. Wir brauchen hier nicht an eine besondere Kraft im Menschen zu glauben, oder ein neues, höheres Erkenntnisvermögen anzunehmen. Die angeführten Stellen, zumal wo Kt. von dem Triebe zur Erweiterung unserer Erkenntnisse spricht und von dem Geschäfte der Vernunft, die Begriffe zu zergliedern, dem Triebe zu verstandesmässiger Durchdringung, können uns nicht mehr im Zweifel lassen, welche richtige Gedanken Kt. hier bewegen. Worauf er in seiner „Vernunft" abzielt, ist die Grundnatur des Denkens, die sich deckt mit der Grundnatur des Menschen. Die Vernunft ist das Denken und demnach auch das Bewusstsein überhaupt; denn Denken und Bewusstsein ist identisch.

Dass wir unter Kt.'s „Vernunft" das „Bewusstsein überhaupt" zu verstehen ist, ergiebt sich auch aus folgender Überlegung. Kt. stellt die Forderung der Zusammenstimmung unseres

Willens mit der allgemeinen praktischen Vernunft[1]), um ein sittliches Leben zu führen. Da der Mensch sich nun auch als sittlicher bethätigt, wenn er die Menschheit in seiner Person ehrt und wahrt[2]), so muss wohl diese in verschiedenen Worten ausgesprochene Bedingung zum sittlichen Leben ein und dasselbe bedeuten. Die Vernunft ist die Menschheit d. h. das gattungsmässige Wesen der inviduellen Menschen. Das Wesen des Menschen d. h. sein Sein besteht nur in dem Sichseinerbewusstsein. Unter der Vernunft und Menschheit ist dann das Bewusstsein überhaupt zu verstehen.

Dieses gattungsmässige Bewusstsein kann nur gedacht werden in Abstraktion vom empirischen Inhalte. Somit kann es auch das reine Bewusstsein genannt werden, das sich mit der Kant'schen ursprünglichen synthetischen Einheit der Apperzeption deckt. Kt. sagt: „Ich denke muss alle meine Vorstellungen begleiten können". Dieses „Ich denke" ist abstrahiert von jeglichem empirischen Inhalte. — „Ich nenne sie die reine Apperception, um sie von der empirischen zu unterscheiden oder auch die ursprüngliche Apperception, weil sie dasjenige Selbstbewusstsein ist, was, indem es die Vorstellung „Ich denke" hervorbringt, die alle anderen muss begleiten können, und in allem Bewusstsein ein und dasselbe ist, von keiner weiter begleitet werden kann"[3]). Dieses „Ich denke" ist ein absoluter Einheitspunkt, ein allen Bewusstseinsindividuen Gemeinsames, wie Kt. sagt „in allem Bewusstsein ein und dasselbe", es ist das Bewusstsein überhaupt, das den Gattungsbegriff des Menschen ausmacht. Kt. sagt: „Dieses reine, ursprüngliche, unwandelbare Bewusstsein will ich nun die transcendentale Apperception nennen". Unter Kt.'s Vernunft und seiner synthetischen Einheit der Apperception ist so dasselbe zu verstehen, das Bewusstsein überhaupt. Kt. hat diesen Zusammenhang nicht klar legen können. Seinen Grund hat dies darin, dass Kt. das richtig entdeckte Problem, das

[1]) Gr. z. M. d. S. 56.
[2]) cf. Kt. d. pr. V. S. 107.
[3]) Kr. d. r. V. 659 § 16: Von der ursprünglichen synthetischen Einheit d. Apperception.

wir oben die Grundnatur des Denkens selbst nennen konnten,
bei ihm eine falsche Formulierung gefunden hat durch die
Aufstellung seiner Vernunft, als einer Art höheren Erkenntnis-
vermögens, die wir aber als Bewusstsein überhaupt interpretieren konnten. Das Bewusstsein überhaupt hat Kt. zunächst nur er-
kenntnis-theoretisch verwertet. Was aus diesem Bewusstsein
fliesst, hat objektive Geltung. Auf dieses Bewusstsein überhaupt, ist also eigentlich auch Kt.'s Ethik gegründet. Wo Kt.
in seiner Begründung sich auf seine „Vernunft" beruft, da
müssen wir an das gattungsmässige Bewusstsein des Menschen
denken, wodurch eben allein Objektivität gesichert ist. Hier
bietet sich nun eine Schwierigkeit, die Kt. nicht zu lösen vermochte, es ist das Verhältnis dieser Vernunft d. i. des Bewusstseins überhaupt zum einzelnen konkreten Bewusstsein. Kt.
sagt z. B.: „Der Mensch ist zwar unheilig genug, aber die
Menschheit in seiner Person muss ihm heilig sein"[1]. —
„Dieses Sollen ist eigentlich ein Wollen, das unter der Bedingung für jedes vernünftige Wesen gilt, wenn die Vernunft
bei ihm ohne Hindernisse praktisch wäre"[2]. Kt. fordert in
der 3. Form seines kateg. Imperativs die Zusammenstimmung
des Einzelwillens mit der allgemeinen praktischen Vernunft[3]).
Dann weiter: „Reine Vernunft ist für sich allein praktisch
und giebt dem Menschen ein allgemeines Gesetz, das wir das
Sittengesetz nennen[4]).

Wie verhält sich nun der Mensch d. i. das individuelle
Bewusstsein zur Vernunft, d. i. dem Bewusstsein überhaupt?
Es ist die Vernunft etwas, das im Menschen ruht; wie sich
aber der Mensch als Einzelindividuum dazu verhält, finden wir
bei Kt. nicht erklärt. Da für die specielle Lösung des
ethischen Problems das Verhältnis vom gattungsmässigen zum
individuellen Bewusstsein aber wichtig ist, so muss dieses klar
gelegt werden.

[1] Kt. d. pr. V. 106.
[2] Gr. z. M. d. S. 78.
[3] Gr. z. M. d. S. 56.
[4] Kt. d. pr. V. 37.

Was ist zunächst ein individuelles Bewusstsein[1]? Durch das Wörtchen „Ich" unterscheidet sich ein individuelles Bewusstsein von dem anderen. Dieses individuelle Bewusstsein meint sich mit dem eigenen „Ich", wie er sich eben kennt, soweit seine Erinnerung zurückreicht, resp. durch die Mitteilungen anderer über seine Eltern, Ort und Stunde der Geburt ergänzt wird. Bei „Ich" denkt jeder zunächst an seinen Leib, seinen Eigennamen, Ort und Zeit seiner Geburt, an alles, was ihm vom ersten Atemzuge an widerfahren ist und was er bis zu diesem Augenblicke erlebt, gesehen, gehört, gefühlt und gethan hat. Dies alles ist etwas, dessen er sich bewusst ist, sein Bewusstseinsinhalt. Der Unterschied der vielen individuellen Bewusstseine muss so in ihrem Bewusstseinsinhalte liegen, vor allem in der Verschiedenheit des eigenen Leibes, in aller ihrer räumlichen und zeitlichen Bestimmtheit und aller Erlebnisse, welcher jedes sich bewusst ist. Jedes Ich ist nur dadurch dieses Ich, dass diese räumlich und zeitlich bestimmte Thatsache den Inhalt seines Bewusstseins ausmacht, und diese sind nur dadurch das Ganze dieses einen Lebens, dass sie alle desselben Ich Bewusstseinsinhalt sind. Wenn wir unter Abstraktion von allem, dessen ein Ich sich bewusst werden kann, also von allem Bewusstseinsinhalte, die Individualität des Ich im Gegensatze zu allen anderen Ich zu denken versuchen, so zeigt sich, dass verschiedene Iche gar nicht sich unterscheiden lassen. Mit der Abstraktion des ganzen Bewusstseinsinhaltes bleibt nicht mehr dieses individuelle Ich übrig, sondern das dann noch denkbare Ich ist der Allgemeinbegriff Ich. Dieser Allgemeinbegriff kann nur durch Abstraktion ausgeschieden werden, während wir ihn thatsächlich nur mit Bewusstseinsinhalt unlöslich verknüpft finden. Dieser Ich-punkt ist schlechthin einfach und muss in allen Individuen ein und derselbe sein. Der Bewusstseinsinhalt dagegen kann und muss zur Unterscheidung von Individuen verschieden sein. Der Bewusstseinsinhalt macht die Verschiedenheit der individuellen Iche

---

[1] cf. zu den folgenden Ausführungen Schuppe: Grundriss d. Erk. u. Logik, S. 16—20.

aus. Erst das „Ich" mit dem und dem bestimmten Bewusstseinsinhalte ist das individuelle Ich. Das Specifische oder
Individuelle ist an den Bewusstseinsinhalt geknüpft, alle individuelle Differenz liegt in diesem. Das generische Moment,
das allen gemeinsame Gleiche ist der absolute Einheitspunkt
des „Ich", der sich deckt mit dem Bewusstsein überhaupt[1]). Wie das Generische der Farbe in rot und grün
oder das Generische der Gestalt im Dreieck in allen species
mit gesetzt und mit gedacht ist, so ist hier das Generische
der absolute, unteilbare Einheitspunkt das Ich, der allen
Individuen gemeinsam ist. Das Generische und Specifische
lassen sich so begrifflich sehr genau unterscheiden, doch sind
sie zu unterscheiden als 2 sich gegenseitig fordernde und sich
einschliessende Momente. Den Gattungsbegriff macht dieser
Einheitspunkt des Ich aus, was Unterscheidbares, Mehreres ist,
liegt allein in denjenigen, was von diesem Einheitspunkte aus
zusammengehalten wird. Das eben gedachte Ich in Abstraktion von allem Bewusstseinsinhalte ist keine konkrete Existenz,
sondern ein abstraktes Moment. Als solches kann es nicht
wie Konkretes ergriffen werden, es existiert aber doch wie
das abstrakt Allgemeine der Rundheit z. B. in jedem Kreise.
Dieses abstrakt allgemeine Moment des Ich ist so in jedem
konkreten, individuellen Bewusstsein enthalten. Gattungsmoment
und Specifisches sind in der innigsten Weise verbunden. Das
gattungsmässige Moment ist in jeder species so enthalten, dass das
Specifische, wenn wirklich das Generische dabei garnicht mit-
gedacht werden soll, sofort auch undenkbar wird. Das
gattungsmässige Moment bedingt die Denkbarkeit des Spe-
cifischen. In dieser Weise ist in jedem einzelnen Bewusstseinsindividuum das Bewusstsein überhaupt mitenthalten, ohne dieses ist
individuelles undenkbar. Das abstrakt begriffliche Moment-Be-
wusstsein in Abstraktion von dem Bewusstseinsinhalte, ist aber
nicht in derselben Art in dem Ganzen des konkreten oder individuellen Bewusstseins enthalten, wie das generische Moment
der Farbe in rot oder grün[2]).

[1]) cf. Gattung. Grundriss d. Erk. u. Logik. S. 20. Schuppe.
[2]) cf. Grundriss d. Erk. u. Logik, S. 19 u. 20. Schuppe.

Es zeigt sich zunächst, dass das Ich eben nur dadurch ist, dass es sich seiner bewusst ist, also sich selbst weiss. Da unterscheidet sich das Ich — Subjekt als das (sich) wissende von dem Ich Objekt als dem von sich gewussten, und die sind eben nach der Voraussetzung, dass das Ich nicht etwa etwas Anderes, sondern sich selbst wisse, dasselbe. Dieses Ich — Subjekt und Ich — Objekt sind keine Bestandteile, denn jedes schliesst den Hinweis auf das andere in sich, ohne welches es ganz unverständlich wäre. Dieses Ich — Subjekt und Ich — Objekt sind nicht jedes ein wirklich ganzes Ich, sondern der bestimmende Zusatz (Subjekt und Objekt) heisst nur das abstrakte, begriffliche Moment in dem einen Ganzen denken. Wir sahen oben, dass das Bewusstsein oder Ich in Abstraktion von dem Bewusstseinsinhalte als abstraktes, begriffliches Moment in dem Ganzen der konkreten oder in inviduellen Bewustseine enthalten ist. Sein Enthaltensein in diesen ist nun aber nicht derselben Art, wie das des generischen Moments der Farbe in rot und grün, der Gestalt im Dreieck, sondern es ist das des Ich-Subjekts, welches sich selbst als so und so beschaffenes in den und den Bestimmtheiten findet. Diese Beschaffenheit oder Bestimmtheit des Ich, in welcher oder mit welcher versehen es sich findet, sind doch etwas anderes als das Ich, wie sehr auch ihre Zusammengehörigkeit mit dem Ich betont werden mag. Was auch immer Gegenstand des Wissens sein kann, es fällt als solches unter den Begriff desjenigen, dessen ein Ich sich bewusst ist.

Das Bewusstsein überhaupt ist ein Abstraktum, als solches zeitlos, wenn auch unser Denken desselben in der Zeit stattfindet; das individuelle Bewustsein dagegen hat seine konkrete Existenz in der Zeit. Dass das zeitlose Gattungsmoment des Menschen, das Abstraktum Bewustsein überhaupt, die Kant'sche Vernunft ist, erhellt nun auch daraus, dass Kt. in seiner Vernunft diesen unveränderlichen, ewigen Charakter als Abstraktum, das der Zeit nicht unterworfen ist, sieht. Er nennt deshalb die Vernunft ein „Ding an sich." Der Mensch als vernünftiger ist dann der Mensch an sich. Diesem steht gegenüber der Mensch als Einzelindividuum im Raum und Zeit existierend.

Das Abstraktum „Bewusstsein überhaupt" hatten wir durch eine logische Zerlegung bekommen. Es ist nichts für sich Existierendes in gleicher Weise wie das Einzelbewusstsein, sondern aus ihm erst durch Abstraktion gewonnen. Bei Kt. ist aber dieses Verhältnis nicht genau dargelegt. Der vernünftige Mensch als Abstraktum und das Einzelindividuum als Konkretum sind nicht scharf getrennt, durch ihre Gegenüberstellung wird der Mensch als vernünftiger, der nach dem Obigen ein Abstraktum ist, dem konkreten, individuellen Menschen entgegengehalten, als wären sie beide Konkreta; ihr eigentliches Verhältnis wird dadurch im Dunkeln gelassen. Kt. ist hier nicht zur vollen Klärung durchgedrungen.

Fassen wir kurz unser bisheriges Resultat zusammen. Das, worauf Kt. in seiner „Vernunft" abzielt, kann nur das gattungsmässige Bewusstsein des Menschen, das Bewusstsein überhaupt sein. Auf dieses gründet also Kt. eigentlich seine Ethik und sichert die objektive Geltung des Sittengesetzes. Das bei Kt. unklare Verhältnis des Bewusstseins überhaupt zum individuellen bedurfte der Klärung, da, wie sich weiter zeigen wird, Kt. durch dieses im Grunde das sittliche Problem zu lösen versucht. Dass dieses Verhältnis bei ihm ungeklärt bleibt, ist in erster Linie begründet in Kt.'s unklarer Auffassung der Vernunft, die wir als „Bewusstsein überhaupt" oder „reines Bewusstsein" interpretieren konnten, bei Kt. aber nicht zur begrifflichen Klarheit gekommen ist.

IV.
Die Lösung des ethischen Problems durch Kant und ihre Deutung.

Es gilt jetzt das Resultat der vorhergehenden speciellen Untersuchung zu ziehen und die Grundfragen der Ethik wieder aufzunehmen. Es handelte sich darum, ob es ein allgemeines Sittengesetz giebt und wie dessen Allgemeingiltigkeit eingesehen werden konnte. Von der Thatsache des Sittengesetzes ging Kt. aus. Jede sittliche Beurteilung setzt dieses voraus. Diese Thatsache sieht Kt. aber nicht als Beweis des Sittengesetzes an; vielmehr muss diese gerade erklärt werden. Das Sittengesetz ist nun in seiner Objektivität bewiesen, wenn es sich a priori begründen lässt. Vom Boden des Empirischen, das keine Notwendigkeit aufweisen kann, hatte uns Kt. richtig auf das Abstrakte, Unveränderliche hingewiesen. Vom Empirischen, Aposteriorischen sind wir auf den Boden des Apriorischen geführt. Das Sittengesetz lässt sich a priori begründen, seine Notwendigkeit, mit er es im Subjekte liegt, lässt sich nachweisen. Es gründet sich das Sittengesetz auf die „Vernunft des Menschen". Pflicht (d. i. objektive Verbindlichkeit des Sittengesetzes) ist ein „in der Vernunft überhaupt wirklich liegendes Gesetz[1]". Die Moral ist eine innere notwendige Gesetzgebung der Vernunft[2]). Hierdurch sichert Kt. die Objektivität des Sittengesetzes. Dieses Resultat würde noch nicht viel sagen, wenn nicht Kt. unter „der Vernunft" ein dem Bewusstsein überhaupt eignendes Moment wurde. Wie unsere Untersuchung ergab, erwies sich nun Kt.'s „Vernunft" nicht nur als ein dem Bewusstsein überhaupt eignendes Moment, sondern als dieses Bewusstsein überhaupt selbst. Die Objektivität des Sittengesetzes ist so ausser allem Zweifel, denn seine Allgemeingiltig-

---

[1] Kr. d. pr. V. 10. Anm.
[2] Kr. d. Urteilskraft. S. 359.

keit und Notwendigkeit fliesst aus dem Bewusstsein selbst.
Der Urgrund des Sittengesetzes ist das Wesen des Menschen.
Die anfangs gestellte Frage lässt sich also dahin beantworten:
Es giebt ein allgemeines Sittengesetz, dessen Allgemeingiltigkeit eingesehen werden kann, da seine Notwendigkeit aus dem
Bewusstsein überhaupt stammt. Dieses Resultat ist für die
Ethik von der fundamentalsten Bedeutung, denn erst dadurch
ist es möglich, von einer Ethik zu reden. Es ist nicht mehr
ein Glaube, dass wir ein Gesetz des menschlichen Handelns
besitzen, sondern es ist dadurch nachgewiesen, dass wir dessen
ebenso gewiss sein können, wie der Welt, in der wir leben.

Ist die Objektivität des Sittengesetzes für uns sicher gestellt, so fragt es sich nun, wie wir uns zu diesem Gesetze
verhalten. Wie weit löst Kt. das hier vorliegende Problem?
„Der reine Wille, d. h. der allgemeine und notwendige Wille
oder die praktische Gattungsvernunft des Menschen kann sich
kein anderes Gesetz als das sittliche geben; aber der empirische Wille des Einzelnen vermag diese Gesetze zu über-
schreiten, weil er durch anderes als durch sich selbst, weil er
durch die sinnlichen Triebe bestimmt ist. Jeder Versuch deshalb, die sittliche Handlungsweise in den Dienst eines anderen
Zweckes zu stellen, zieht die Sittlichkeit auf den Standpunkt
der Heteronomie herab. Mag es die individuelle oder die
allgemeine Glückseligkeit, mag es irgend ein empirisches Gefühl, mag es ein göttliches Gebot oder ein metaphysischer
Begriff der Vollkommenheit sein, was man als Bestimmungsgrund für das sittliche Handeln angiebt, — immer wird dadurch das sittliche Leben zu einem .Mittel herabgesetzt und
hört auf, in sich selbst einen absoluten, notwendigen und allgemeinen Zweck zu bilden"[1]). Durch nichts anderes darf der
Wille bestimmt werden als durch die Vernunft unmittelbar,
um ein sittlicher zu sein. Wird er durch etwas anderes bestimmt, so kann der Mensch wohl mal pflichtmässig handeln, aber
er handelt dann nicht „aus Pflicht"[2]). Die Sittlichkeit seiner
Handlung ist so nicht einzusehen. Lässt sich der Mensch nicht

---

[1]) Windelband, die Gesch. d. neueren Phil. 117.
[2]) Gr. z. M. d. S. 15.

durch die Vernunft bestimmen, sondern folgt 'sinnlichen Trieben, so kann er nicht sittlich handeln. Der sinnliche Mensch, der den sinnlichen Trieben folgt, ist unsittlich, der individuelle Wille des Einzelnen überschreitet die Gesetze der Sittlichkeit, weil er durch die sinnlichen Triebe bestimmt ist. Darum betont es Kt. auch immer wieder, dass die Vernunft nur unmittelbar den Willen bestimmen soll, wodurch ein sittliches Leben allein gesichert ist. Die Sinnlichkeit des Menschen ist es, welche ihn hindert, dem Sittengesetze zu folgen, das ihm die Vernunft auferlegt. Sinnlichkeit und Vernunft stehen sich feindlich gegenüber. Kt. unterscheidet 2 Naturen im Menschen, die vernünftige und sinnliche, welche im Widerstreite miteinander liegen. Nach Kt. ist dieser Widerstreit im letzten Grunde durch folgendes begründet. Kt. sagt sich, dass nichts Empirisches mit der Sinnlichkeit etwas zu thun habe; alles Empirische ist der Sittlichkeit nachteilig. Da die sinnlichen Triebe nun empirischen Charakter tragen, so müssen diese wie die Sinnlichkeit überhaupt die Sittlichkeit abschwächen. Findet Kt. so eine Erklärung, so liegt hier noch eine Schwierigkeit vor, dass diese vernünftige und sinnliche Natur, die sich entgegenarbeiten, in einem Menschen gleichzeitig existieren können. Kt. giebt uns nur die Thatsache an, dass es so ist; wir brauchen aber eine weitere Erklärung, worauf uns das oben dargelegte Verhältnis von Bewusstsein überhaupt zum individuellen vorbereitet hat. Der Mensch ist Vernunftwesen und Sinnenwesen[1]. Unter dem Menschen als vernünftigem Wesen versteht Kt. den Menschen, sofern in ihm die Vernunft gegründet liegt, sofern er selbst „das Subjekt des moralischen Gesetzes ist"[2]. Mit anderen Worten gesagt, vernünftig ist der Mensch, insofern er in seiner Person die Menschheit darstellt. Wir konnten oben Kt.'s Vernunft als Bewusstsein überhaupt interpretieren. Der Mensch als vernünftiger ist demnach der Mensch von der Seite her betrachtet, dass er als individuelles Bewusstsein auch das gattungsmässige Bewusstsein

[1] M. d. S. 256.
[2] Kr. d. pr. V. 158.

in sich schliesst. Das oben dargelegte Verhältnis beider und
ihre Eigenart liess erkennen, wie das Bewusstsein überhaupt
im Einzelbewusstsein enthalten sei. Begrifflich lassen sie sich
genau scheiden, doch sind sie zu unterscheiden als 2 sich einschliessende Momente, die sich gegenseitig fordern. Es kann
nicht nur, sondern muss demnach jeder Mensch „Vernunft"
haben. Diese Vernunft „Bewusstsein überhaupt" erwies sich
als Abstraktum. Unter der vernünftigen Natur ist also ein
abstraktes Moment, das des gattungsmässigen Bewusstseins im
Menschen zu verstehen. Was ist dann der Mensch als sinnlicher? Der Mensch als Sinnenwesen ist das konkrete, individuelle Bewusstsein, wie es sich oben erwies. Sinnlichkeit ist
gerade dasjenige, welches die Individualität ausmacht. Der
Mensch als sinnlicher bezeichnet ihn in seiner konkreten
Existenz. Der sinnliche Mensch ist das individuelle Bewusstsein. Kt. hat in dieser begrifflichen Klarheit die beiden
Naturen im Menschen nicht erklären können. Es kann aber
keinem Zweifel unterliegen, dass wir Kt. so über ihn selbst
hinaus verstehen müssen. Ist es bei Kt. nicht recht erklär-
bar, wie diese beiden Naturen der Vernünftigkeit und der
Sinnlichkeit im Menschen vereint sind, so verstehen wir von
unserer Interpretation aus, dass sie beide im Menschen existieren
müssen, die Vernunft als gattungsmässiges Bewusstsein, ein
abstraktes Moment, und die Sinnlichkeit als Bezeichnung für
das individuelle, konkrete Bewusstsein. Wie lässt sich von
hieraus die Entgegenwirkung der Sinnlichkeit gegen die Vernunft begreifen? Die Vernunft kann im Menschen nicht ohne
Hindernisse praktisch sein, da die Sinnlichkeit ihr entgegen-
steht. Kt. sagt: „Das Sollen ist eigentlich ein Wollen, das
unter der Bedingung für jedes praktische Wesen gilt, wenn
die Vernunft ohne Hindernisse praktisch wäre"[1]). Die
Sinnlichkeit hindert den Menschen, der Vernunft gemäss
zu leben, d. h. sittlich zu leben. Insofern zeigt er als
sinnlicher eine verwerfliche Gesinnung, ist unheilig. „Der
Mensch ist zwar unheilig genug, aber die Menschheit

---

[1]) Gr. z. M. d. S. 78.

in seiner Person muss ihm heilig sein[1]). Der Wille des Einzelindividuums deckt sich nicht mit der Forderung des Sittengesetzes. deshalb kann Kt. auch die Zusammenstimmung unseres Willens mit der allgemeinen praktischen Vernunft fordern[2]). Wie sind die beiden entgegenwirkenden Naturen im Menschen zu erklären? Es ergiebt sich die Erklärung aus unserer Interpretation, dass wir Kt.'s Gegenüberstellung vom vernünftigen und sinnlichen Menschen zu verstehen haben als die Gegenüberstellung des Menschen nach seinem Gattungscharakter und des Menschen als konkreten, individuellen. Der Widerstreit erklärt sich aus diesem Verhältnisse heraus ganz analog dem Widerstreite auf einem anderen Gebiete, auf dem des Denkens. Das dem Bewusstsein überhaupt eignende Denken ist das objektive oder normale Denken. Normales Denken, das das Wesen des Denkens ausmachende Denken, besteht in seiner absoluten Widerspruchslosigkeit. Der Unterschied auf diesem Gebiete bezüglich des Einzelindividuums ist nun der, dass das Denken dieses Bewustseinsindividuums diese absolute Widerspruchslosigkeit im Denken nie zeigen kann. Es beginnt das Denken bereits, ohne dass es selbst in's Bewustsein trat, und dieses unbewusste oder nur unvollständig bewusste Denken[3]) lässt tausendfache Fehler zu, die logisch als Intermittieren des Denkens im engeren Sinne, d. i. der spezielleren Denkthätigkeiten bezeichnet und psychologisch erklärt werden können. Der Widerstreit auf sittlichem Gebiete von Sinnlichkeit und Vernünftigkeit, wobei also hier an das besondere und allgemeine Bewusstsein zu denken ist, ist ebenso in diesem Verhältnisse begründet und analog zu erklären. Auf diese Analogie kann jetzt nur zur Erklärung des sittlichen Problems hingewiesen werden; um die eigentliche Lösung zeigen zu können, bedarf es der Einführung eines neuen Gedankens, den wir der Schuppe'schen Ethik verdanken, den der Selbstbejahung des Bewusstseins.

---

[1]) Kr. d. pr. V. 106.
[2]) Gz. z. M. d. S. 56.
[3], cf. Grundzüge d. Ethik u. Rechtsphilosophie. S. 158. Schuppe·

Das Resultat, zu dem wir bisher gekommen sind, ist kurz dies. Der sittliche und der sinnliche Mensch Kt.'s erweist sich als der Mensch, sofern er gattungsmässiges Bewusstsein und der Mensch, sofern er individuelles Bewusstsein ist. Kt. hat dieses Resultat noch nicht ziehen können, aber durch seine Untersuchungen vorbereitet, und wir konnten ihn dahin verstehen. Die Schuppe'sche Ethik hat uns erst dieses Verhältnis in begrifflicher Klarheit auf Grund erkenntnistheoretischer Untersuchungen dargelegt. Wir können es Kant'sche Grundgedanken nennen, die hier aufgenommen und zum Abschluss gebracht sind. Die Schuppe'sche Ethik setzt so direkt bei Kt. an und entwickelt in grader Linie Kt.'s System weiter. Dies zeigt sich nun vornehmlich in folgendem.

Wie macht sich das Sittengesetz, welches aus der Vernunft stammt, geltend? Kt. antwortet als Imperativ: denn die Gesetze der Sittlichkeit treten mit dem Charakter des Sollens auf. Dieses Sollen reduciert er aber auf ein eigentliches Wollen. „Das Sollen ist eigentlich ein Wollen" [1]) und ferner „das moralische Sollen ist also ein eigenes notwendiges Wollen als Gliedes einer intelligiblen Welt und wird nur sofern von ihm als Sollen gedacht, als er sich zugleich wie ein Glied der Sinnenwelt betrachtet" [2]). Kt. führt so das Sollen auf ein eigentliches Wollen zurück. Viel hat er damit aber auch nicht gesagt. Allerdings ruht alles Sollen auf einem Wollen, aber weiter führt er uns nicht. Hier müssen wir fortfahren, dass alles Wollen in letzter Instanz auf eine Wertschätzung zurückgeht, die nur im Gefühle lebt; das eigentliche Wollen untersucht Kt. nicht näher; das Sollen steht ihm stets als etwas unmittelbar aus der Vernunft stammendes im Vordergrund. Es kann aber die Strenge und Würde des Sittengesetzes nicht in dem unbedingten „Du sollst" gezeigt werden, wenn nicht darüber Auskunft gegeben wird, wessen Wille resp. wessen Wertschätzung sich darin ausspricht [3]). Dieses Wollen bedarf der weiteren Untersuchung. Dass Kt.

[1]) Gr. z. M. d. S. S. 78 u. 35.
[2]) Gr. z. M. d. S. 84.
[3]) cf. Schuppe. Gr. d. E. u. Rechtsphil. 49.

hier nicht tiefer gegangen ist, erklärt sich aus dem Gange seiner Untersuchung. Das Sittengesetz darf nichts Empirisches aufweisen; das war ihm der erste feste Punkt. Bestimmungsgründe des Willens sind so von vornherein ausgeschlossen, nur unmittelbar kann die Vernunft das Sittengesetz bestimmen. Das „Du sollst" kann durch keine Zwischenglieder dem Willen befehlen, denn jene können nach Kt. immer nur empirischen Charakter tragen. Dieses Sollen interpretiert er selbst nun schon als ein eigentliches Wollen. Dieses Wollen, bei dem Kt. stehen bleibt, muss aber durch ein Gefühl bedingt sein, denn wir kennen, wie uns die Psychologie [1]) lehrt, keinen Willen ohne zu Grunde liegendes Gefühl. Das Wollen, das wir hier feststellten, gehörte zum gattungsmässigen Bewusstsein, es war ein notwendiges Wollen, das dem Bewusstsein überhaupt eignete. Ruht das Wollen in letzter Instanz immer auf dem Gefühle, so muss auch dieses Gefühl, wenn es allgemein giltig sein soll, dem Bewusstsein überhaupt angehören. Was ist dies nun für ein Gefühl und auf welches Objekt, ohne welches das Gefühl nicht existieren kann, geht dieses Gefühl? Ein jeder Versuch, das sittliche Problem zu lösen, muss stets auf das Gefühl in letzter Instanz kommen. Sucht man nach einer objektiven Handlungsweise, die eben das sittliche Handeln bedeutet, so müssen wir auf ein „Handeln wollen" zurückgehen, das eben wieder ganz auf dem Gefühle ruht. Es gilt ein Gefühl zu finden, das nicht der individuellen Geschmacksrichtung, sondern dem Bewusstsein überhaupt angehört. Ein solch allgemein notwendiges Gefühl muss es geben, worauf eben das Wollen ruht, das dem Sollen zu Grunde liegt. Es kommt nun noch auf das Objektsverhältnis dieses Gefühls an, das zu suchen ist. Dass wir hier nicht auf dem Wege der Erfahrung zum Ziele kommen, haben wir von Kt. gelernt. Eine Begriffsanalyse wird uns den Weg zeigen können. Wir können zum Ausgangspunkte eine frühere Überlegung wählen. Wir sprachen bei der Erklärung der „Vernunft" von dem Erkenntnistriebe, den Kt. ihr beilegt. Der Erkenntnistrieb findet nicht allein

---

[1]) cf. Rehmke: „Lehrbuch der allgemeinen Psychologie". S. 405.

durch die Grundnatur des Denkens seine Erklärung; zugleich
mitgesetzt ist hier eine zu Grunde liegende Wertschätzung eben
die Hochschätzung dieses Denkens. „Es gehört zum Begriff
des Bewusstseins, dass das bewusste Wesen eben diese seine
Existenz bejaht und will und naturgemäss, da es eben das
Bewusstsein ist, das aus sich selbst und um seiner selbst
willen Lust gewährt, auch seine Steigerung als Erhöhung
dieser Lust wollen muss. Seine Steigerung beruht eben in
der Erhöhung des Klarheits- und Helligkeitsgrades[1]). So
findet denn durch die Grundnatur des Denkens einerseits und
durch die Hochschätzung des Denkens andererseits der Erkenntnistrieb seine Erklärung. Das Problem, welches im
menschlichen Erkenntnistriebe steckt, lässt also ausser der
Grundnatur des Denkens dieses zweite mit ihm auf's engste
verbundene Moment erkennen, das darin besteht, dass es zum
Begriffe und Wesen des Bewusstseins gehört, seine Existenz
zu bejahen und zu wollen. Ob dieses Gefühl allen unseren
Anforderungen wird genügen können, muss geprüft werden.
Die Liebe und der Wille zum Leben ist die tiefste Wurzel
unseres Seins[2]). Unsere eigene Existenz zu bejahen durch
unser Gefühl und Handeln gehört zum Begriffe des bewussten
Wesens. Es scheint in der That dieses Gefühl von der
gesuchten allgemeingiltigen Natur zu sein. Zunächst kann
dieses aber nur angesehen werden als Lust an der eigenen
Existenz. Liebe zum Leben ist allein Liebe zum individuellen
Ich. Wir stehen also ganz auf dem Boden des Individuellen.
Die Brauchbarkeit dieses Gefühls scheint deshalb hinfällig zu
sein. Wir hatten aber oben bereits gesehen, dass das Individuelle allein begründet ist im Bewusstseinsinhalte. Es lässt
sich dieser begrifflich von seinem Subjekte trennen. Man
braucht noch nicht mal diese genaue, begriffliche Scheidung
und kann doch von dem Selbst reden, wo die Mannig-
faltigkeit des Inhaltes zurücktritt, ebenso wie man von

---

[1]) Schuppe „Was sind Ideen?“ aus der Zeitschrift für Phil. u.
ph. Kritik. Band 82.

[2]) cf. zu den folgenden Ausführungen Schuppe: Grundzüge d.
Ethik u. Rechtsphil. S. 109 u. flgd.

der Besonderheit des Bewusstseinsinhaltes spricht, wo das
Ich in den Hintergrund tritt. Für die Reflexion ergiebt es sich,
dass das, was wir in der Liebe zum Leben schätzen, prinzipiell
nicht die Zustände und Bestimmtheiten sind, in denen das
Selbst existiert, sondern lediglich dieses Selbst. Nicht der
Bewusstseinsinhalt wird bei dem Wollen zum Leben, sondern
dieses Selbst in erster Linie bejaht. Für die Reflexion ist
das eigentliche Objekt des Gefühls nicht die Besonderheit
des Inhaltes, sondern eben dieses Selbst. Das ganz Individuelle, d. h. eben dasjenige, wodurch ein Ich von anderen
sich unterscheidet, kann hier nicht gänzlich ausgeschlossen
werden, sondern es hat thatsächlich auch einen Teil an dieser
ursprünglichen Wertschätzung. Für die Reflexion kommt
in erster Linie dieses Selbst in Betracht[1]).

Die frühere Untersuchung über Bewusstsein überhaupt und
Einzelbewusstsein hatte als Resultat ergeben, dass das Bewusstsein überhaupt bestände in dem absoluten Einheitspunkte des
Ich. Wir sehen hier, dass in erster Linie das Moment des
Selbst, des Ich ohne bestimmten Inhalt, Objekt des Willens
in der Liebe zum Leben ist. Somit ist also die Lust an der
eigenen Existenz, die sich nicht auf die Besonderheit der
Individualität bezieht, an das Ichsein überhaupt, an das Bewusstsein als solches in erster Linie geknüpft. Das Verhältnis
zwischen diesem gattungsmässigen und dem Einzelbewusstsein
ist oben dargelegt worden. Wir wissen daher, dass das individuelle Ich das Ich überhaupt als sein gattungsmässiges Moment
in sich schliesst; dieses Ich überhaupt als Generisches ist die
notwendige Voraussetzung des individuellen, ohne welches
letzteres eben undenkbar wird. Soweit ist in der Selbstbejahung des individuellen Bewusstseins die Bejahung des Bewustseins überhaupt stets schon mitgegeben. „Begrifflich ist
unmöglich, dass die Selbstbejahung des Individuums sich
wirklich auf sein empirisches Ich einschränke; sie durchbricht
durch ihr eigenes inneres Wesen die Schranken dieser Individualität und ergreift mit einem Male unwiderruflich alle be-

[1]) cf. Schuppe. Gr. z. E. u. R. 143.

wussten Wesen als solche.[1]) Das eigentlich Lustbringende, welches das Ich an seiner Existenz hat, ist demnach das Bewusstsein überhaupt. „Dass es in der That das Bewusstsein als solches ist, woran die Selbstbejahung des Individuums sich knüpft, ersehen wir daraus, dass, wenngleich jedes lebende Wesen am Leben hängt, doch jedes seinem Leben um so höheren Wert beilegt, je heller und intensiver sein Bewusstsein ist, um so grössere Lust auch aus allen Erlebnissen fühlt, und um so festeren Lebensmut hat, auf je höherer Bewusstseinsstufe es steht. Je weniger das Bewusstsein entwickelt ist, desto weniger gilt ein Menschenleben."[2]) Fassen wir das Bisherige kurz zusammen, so sahen wir, dass das absolute Wertvolle das Bewusstsein ist, und die unvermeidliche Wertschätzung die Lust an diesem; diese Wertschätzung erwies sich als Wertschätzung des Bewusstseins überhaupt. Wir fanden oben, dass das Gefühl ein zum Bewusstsein überhaupt gehöriges sein müsste. Die Objektsbeziehung fehlte uns noch, wir haben sie hier gewonnen. Das Objekt ist das Bewusstsein überhaupt. Wir haben so eine Wertschätzung gefunden, die nicht der individuellen Geschmacksrichtung angehört, sondern dem Wesen des Bewusstseins eignet. Wie die Gesetze des Denkens enthalten sind im Wesen des Bewusstseins, so auch diese Wertschätzung. Sie bezeichnet das absolut Seinsollende und die Pflicht. „Der Inhalt des Pflichtbegriffs ist kein anderer als dieses Bewusstsein von der geraden Konsequenz aus der unverlierbaren und unwillkürlichen Wertschätzung, welche selbst den Charakter des Sittlichen hat."[3]) Wo das Einzelbewusstsein dieser Wertschätzung gemäss sich bethätigt, ist es sittlich. Da diese Wertschätzung zum Bewusstsein überhaupt gehört, so muss sie sich bei jedem Einzelbewusstsein geltend machen.

Um einen Ausblick zur Erklärung der thatsächlichen Verschiedenheiten und Abweichungen zu bekommen, mögen

[1]) Schuppe, Gr. d. E. u. Rechtsphil. 145.
[2]) Schuppe, Gr. d. E. u. Rphil. 147.
[3]) Schuppe, Grundzüge d. Ethik u. Rechtsphil. 103.

folgende Worte Schuppe's dienen: „Wie die logische Norm
aus dem Wesen des Bewusstseins hervorgeht, so stammt auch
die sittliche Norm aus dem Wesen des Bewusstseins, und wenn
jene Norm sich als das Denken selbst erweist, deren Aufhebung also Aufhebung des Denkens und Bewustseins wäre,
so gewinnt die sittliche Norm dadurch den Charakter der
Norm, dass sie mit logischer Notwendigkeit aus demjenigen fliesst,
was unwiderruflich bejaht worden ist und unaufhörlich, selbst
wider Willen, bejaht wird und nicht konsequent verneint werden kann, ohne das eigene Bewusstsein d. i. die eigene
Existenz, zu verneinen; und wie das Denken begonnen hat,
ohne selbst in's Bewusstsein zu treten, so hat sich auch die
Konsequenz aus der Bejahung des Bewusstseins im Handeln
eingestellt, ohne dass eine Reflexion darüber und ein Bewusstsein von dem letzten Grunde dieser Handlungsweise stattgefunden hätte, und wie das unbewusste oder nur unvollständig
bewusste Denken tausendfache Fehler zulässt, welche logisch
als Intermittieren des Denkens im engeren Sinne, d. i. der
specielleren Denkthätigkeiten, bezeichnet und psychologisch
erklärt werden können, so auch ist die unbewusste oder nur
unvollkommen bewusste, also mehr instinktive und triebartige
Wirksamkeit jener Konsequenz nur eine teilweise und un-
konsequente"[1]). Von der Analogie auf dem Gebiete des
Denkens sprachen wir oben schon. Das normale Denken,
das dem Bewusstsein überhaupt eignende Denken stimmt
nicht zusammen mit dem Denken des Einzelindividuums. Dass
der Widerstreit der Vernünftigkeit und Sinnlichkeit auch
darin begründet läge, dass die Vernünftigkeit eben etwas
dem Bewusstsein überhaupt, die Sinnlichkeit etwas dem Einzelbewusstsein eignendes sei, konnte oben bereits konstatiert
werden. Zum Wesen des Menschen gehört die Selbstbejahung
des Bewusstseins; dies ist die sittliche Norm, die aus dem
Wesen des Bewusstseins hervorgeht. Jene Norm erweist sich
nun als das Denken selbst. Eine Aufhebung dieser Norm
würde also gleich sein der Aufhebung des Denkens und des

---

[1]) Schuppe: Grundzüge der Ethik u. Rechtsphilosophie S. 158.

Bewusstseins. Es heisst sein eigenes Bewusstsein und eigene Existenz verneinen, wenn die sittliche Norm verneint wird, die mit logischer Notwendigkeit aus demjenigen stammt, was unwiderruflich bejaht wird und nicht konsequent verneint werden kann. Die Konsequenz aus der Bejahung des Bewusstseins im Handeln hat sich nun eingestellt, ohne dass ein Bewusstsein von dem letzten Grunde dieser Handlungsweise stattgefunden hätte. So ist denn die Wirksamkeit jener Konsequenz nur eine teilweise und inkonsequente. Die oben gesuchte Erklärung des Widerstreits von Vernünftigkeit und Sinnlichkeit ist durch diesen Schuppe'schen Nachweis gefunden. — Eine nähere Ergänzung unserer Lösung des Problems muss natürlich eingehender die Erklärung geben, wie es kommt, dass so und so viele Bewusstseinsindividuen, die als solche jenes principal Gewollte auch wollen müssten, thatsächlich von diesem keine Spur zeigen. Diese Untersuchungen führten uns hier zu weit; es muss so auf Schuppe[1]) selbst verwiesen werden. Hier gilt es in erster Linie die Entwicklung des ethischen Problems einzusehen, was Kt. dazu beigetragen hat, und in welchen Punkten Schuppe Kt.'s System geklärt und weiterentwickelt hat. Wir erkannten hier in der absoluten und unvermeidlichen Wertschätzung des Bewusstseins überhaupt das Prinzip der Ethik. Wir haben so gesehen, welchen Sinn es hat, wenn wir sagen, dass das Sittengesetz durch das Bewusstsein überhaupt begründet ist. Kt. sagt dasselbe mit den Worten, die Moral ist eine innere notwendige Gesetzgebung der Vernunft[2]). Seine tiefere Begründung muss dies aber durch die zu Grunde liegende absolute Wertschätzung finden, wie sie Schuppe gegeben hat. So weiss denn auch Schuppe das Gewissen, wodurch sich das Sittengesetz geltend macht, tiefer zu erklären als Kt. Kt. sagt: „Denn das Gewissen ist die dem Menschen in jedem Falle eines Gesetzes seine Pflicht zum Lossprechen oder Verurteilen vorhaltende praktische Vernunft"[3]). Das Gewissen

---

[1]) Schuppe: Grundzüge d. Ethik u. Rphl. S. 138 fg.
[2]) Kr. d. Urteilskraft. 359.
[3]) M. d. S. 235.

ist also das Vorhalten der praktischen Vernunft. Hier sagt Schuppe: „Was aus dem Wesen des Bewusstseins in Konsequenz seiner unvermeidlichen und irrevocabeln Bejahung seiner selbst gefordert ist, d. h. als einschliesslich von uns mit bejaht und gewollt erkennbar ist, dessen Verneinung mit logischer Konsequenz auch die Verneinung des Bewusstseins einschliessen müsste, das sind die Normen des Handelns, das ist die innere Stimme des Gewissen, das in's Herz geschriebene Gesetz"[1]).

Schuppe's Resultat war dies, dass das absolute Wertvolle das Bewusstsein und die unvermeidliche absolute Wertschätzung dann die Lust an der bewussten Existenz oder am Bewusstsein ist. Diese Wertschätzung qualifiziert sich als Prinzip der Ethik. Mit dieser principalen Wertschätzung rechnet nun Kt. im Grunde auch in seiner „Achtung für das moralische Gesetz".

Aus Furcht, Empirisches in das Sittengesetz aufzunehmen, hatte Kt. das Gefühl aus seiner Ethik gewiesen. Unmittelbar lässt er deshalb die Vernunft das Sittengesetz bestimmen. „Die Vernunft bestimmt in einem praktischen Gesetze unmittelbar den Willen" und nicht vermittelst eines dazwischen liegenden Gefühls der Lust oder Unlust. Für Kt. giebt es einen Willen, der ohne Gefühl bestimmt ist. Thatsächlich finden wir in unserem Seelenleben einen derartigen Willen nicht. Der Wille steht und fällt mit der Wertschätzung, die zu Grunde liegen muss, das Gewollte will ich um der Lust willen, das Gemiedene meide ich um der Unlust willen. Eine Wille ohne eine gedachte Wertschätzung ist ein Unding. Auch beim sittlichen Willen müssen wir mit einer Wertschätzung rechnen, wird diese geleugnet, so ist jede Ethik zerstört. Wird das Gefühl aus der Ethik gestrichen, so ist ihr das Fundament genommen, worauf sie allein ruhen kann.

Trotzdem nun das Gefühl von vornherein ausgeschlossen wird, sehen wir Kt. doch wieder auf Gefühle zurückgehen. Allerdings sollen diese nun ganz anderer Art sein. Kt. sagt: "Gefühle, die die nötigende Kraft des moralischen Gesetzes begleiten"[2]).

---

[1]) Gr. d. Ethik u. R. Schuppe 138.

[2]) M. d. S. 243.

Sie begründen nicht das Sittengesetz, sondern sie begleiten nur das moralische Gesetz. Kt.'s Sinn bleibt bestehen, dass das Sittengesetz auf eine Wertschätzung nicht zurückgehen kann. Kt. spricht nun auch vom Interesse, das der Mensch am moralischen Gesetze nimmt, und weiter sagt er vom moralischen Gefühl: „Dieses Gefühl, unter dem Namen des moralischen, ist also lediglich durch Vernunft bewirkt[1])". Kt. verwahrt sich davor anzunehmen, dass das moralische Gefühl, d. i. das Gefühl der Achtung, für das moralische Gesetz etwa vor dem Moralgesetze existiere. Er sagt: „Hier geht kein Gefühl im Subjekte vorher, dass auf Moralität gestimmt wäre, denn das ist unmöglich, weil alles Gefühl sinnlich ist[2])". Kt. weist diesen Gefühlen einen besonderen Platz an und scheidet sie streng von den Gefühlen, die er wegen ihres empirischen Charakters abwies. „Das Gefühl ist so eigentümlicher Art, dass es lediglich der Vernunft und zwar der praktischen reinen Vernunft zu Gebote zu stehen scheint"[3]). — „Die Achtung ist so wenig ein Gefühl der Lust"[4]). — „Ein Gefühl, das weder zum Vergnügen noch zum Schmerze gerechnet werden kann"[5]). Warum fällt nun das Gefühl, das Kt. hier findet, eigentlich garnicht unter das Gefühl? Er fand hier ein Gefühl, das unabhängig ist von subjektivem Geschmacke; diesen Unterschied fühlt Kt., im Grunde weiss er aber nicht recht, dieses unterzubringen. Kt. sagt: „Achtung ist also etwas, wofür kein vorhergehendes Gefühl möglich ist und Bewusstsein der unmittelbaren Nötigung des Willens durch das Gesetz ist kaum eine Analogie des Gefühls der Lust"[6]). Es ist gewiss, dass hier die unvermeidliche und absolute Wertschätzung ausgesprochen ist, von der wir oben sprachen. In diesem Sinne können wir Kt.'s Achtung für's moralische Gesetz verstehen. Die Stellung aber, welche Kt. dem moralischen

[1]) Kr. d. pr. V. 97.
[2]) Kr. d. pr. V. 92.
[3]) Kr. d. pr. V. 93.
[4]) Kr. d. pr. V. 94.
[5]) Kr. d. pr. V. 97.
[6]) Kr. d. pr. V. 141.

Gefühle in seinem Systeme giebt, können wir nicht billigen. Kt. hatte hier ein dem Bewusstsein überhaupt eignendes Gefühl vor sich, das unabhängig ist von individueller Eigentümlichkeit. „Achtung für's moralische Gesetz ist ein Gefühl, welches durch einen intellektuellen Grund gewirkt wird, und dieses Gefühl ist das einzige, welches wir a priori erkennen und dessen Notwendigkeit wir einsehen können" [1]). In welcher Weise sich dieses objektive Gefühl zur Fundamentirung der Ethik geeignet zeigt hat Kt. nicht erkannt; erst die Schuppe'sche Ethik hat es bewiesen, dass sich diese unvermeidliche absolute Wertschätzung zum Prinzipe der Ethik eignet. Wie nah Kt. dem richtigen Ziele war, zeigen seine Worte: „Achtung für's Gesetz ist die Sittlichkeit selbst" [2]). Hier ist ausgesprochen, dass die Sittlichkeit in einem Gefühle, einer Wertschätzung beruht und zwar in einer absoluten notwendigen Wertschätzung, denn Kt. sieht die Achtung für's moralische Gesetz als ein Gefühl an, das zum Bewusstsein überhaupt gehört. Hier ist die principale Wertschätzung ausgesprochen. Wenn Kt. sagt, dass diese principale Wertschätzung die Sittlichkeit selbst ist, so hat er gewiss den wahren Kern getroffen. Das moralische Gefühl, die Achtung für's Gesetz ist die absolute Wertschätzung des Bewusstseins überhaupt; in dieser Wertsschätzung bezeichnet das absolute Seinsollende die Pflicht.

Das Resultat, zu dem wir so gekommen sind, ist kurz dies. Hat Kt. einmal eine Ethik erst möglich gemacht, indem er sie auf seine „Vernunft", auf das Bewusstsein überhaupt gründet, so liegt seine Bedeutung zweitens darin, dass er die Lösung des sittlichen Problems sicher vorbereitet hat; denn es zeigt sich, dass eine Interpretation, welche gleich die Konsequenzen der Kant'schen Grundgedanken zieht, den wahren Sachverhalt an den Tag bringt. Es ergiebt sich so, dass das Problem des vernünftigen (sittlichen) und sinnlichen Menschen sich lösen lässt, wenn wir unter Vernünftigkeit uns auf das Bewusstsein überhaupt hingewiesen sehen und unter Sinnlich-

---

[1]) Kr. d. pr. V. 90.
[2]) Kr. d. pr. V. 92.

keit auf das individuelle Bewusstsein. Es musste noch die dem Bewusstsein überhaupt eignende Hochschätzung des Bewusstseins eingeführt werden, um ein Verständnis dieses Problems zu ermöglichen, und es gehört dazu die Einsicht, dass die sittliche Norm aus dem Wesen des Bewusstseins stammt und jene Norm sich als das Denken selbst erweist. Der Schuppe'schen Ethik verdanken wir hier die Klärung und Weiterentwicklung des Problems. Wir konnten schliesslich noch sehen, dass wir Schuppe's absolute Wertschätzung des Bewusstseins überhaupt bei Kt. noch ungeklärt wiederfinden in seiner „Achtung für's moralische Gesetz."

V.

Der Zusammenhang der absoluten Wertschätzung mit dem Bewusstsein-Denken Kant's intelligibler Charakter und seine Freiheit des Willens oder Autonomie.

Sittlichkeit, sagt Kt., ist Achtung[1]) für's moralische Gesetz. Die Sittlichkeit des Menschen besteht so in einer Wertschätzung, welche Kt. auch als a priori zum Bewusstsein überhaupt gehörig erkannt hat. Schuppe aber hat erst die eigentliche Bedeutung dieser Wertschätzung gezeigt. Diese Wertschätzung ist die Lust an der bewussten Existenz oder am Bewusstsein; das absolut Wertvolle ist das Bewusstsein. In der Liebe zu seiner eigenen Existenz ist als unvermeidliche Folgerung mitgesetzt die Lust an dem Bewusstsein überhaupt in begrifflicher Allgemeinheit. Es ergab sich, dass gerade das Ich-sein überhaupt in begrifflicher Allgemeinheit das eigentliche Objekt der Lust an sich selbst war. „Also, die eigentliche Quelle der Lust des Ich an seiner Existenz ist nicht die räumlich und zeitliche Bestimmtheit, in welcher es sich findet und aus welcher es seine unterscheidbar empirische Individualität hat, sondern das Bewusstsein als solches. Je höher entwickelt dieses ist und sich geltend macht, desto intensiver auch wird die eigene Existenz geschätzt und desto grösserer Wert wird ihr beigelegt werden, zugleich aber wird auch der Gegensatz zu allem, was der räumlich und zeitlichen Bestimmtheit angehört, um so klarer und wirksamer werden und zugleich wird ferner alles Bewusstsein überhaupt um so höher geschätzt werden. Und dann ist, was das Bewusstsein als solches erhöht und klärt überhaupt alles, was von diesem verlangt wird, die erste Bedingung alles Glücks und aller Selbstbejahung. und dann ist es kein Widerspruch, dass Liebe und

---

[1]) Kt. d. pr. V. 92.

Wille zu diesem so gross ist, dass ein weiteres Leben in der
Zeit ohne Befriedigung dieses Bedürfnisses wertlos, durch
Missfallen an sich selbst unerträglich wird, um ihrer willen
also die Aufhebung des eigenen Ich in seiner räumlich und
zeitlichen Bestimmtheit gern hingenommen wird" [1]). Wir sehen
so, dass die genannte Wertschätzung, die zum Wesen des Bewusstseins gehört, sich steigert mit der höheren Entwicklung
des Bewusstseins. Dieses wird klarer und umfangreicher, je
reicher sein Inhalt und je umfangreicher das Wissen ist. An
diesem Bewusstsein liegt es, dass es eines grösseren oder geringeren Kreises von Objekten in grösserer oder geringerer
Vollständigkeit sich bewusst wird. Es sind dadurch verschiedene Bewusstseine möglich, und wir können so von Grad-
unterschieden [2]) im Bewusstsein reden. Wir hatten als das
dem Bewusstsein überhaupt eignende Gefühl die Hochschätzung
des Bewusstseins erkannt. Diese absolute und unvermeidliche
Wertschätzung wird nun, da sie aus dem Wesen des Bewusstseins hervorgeht, je nach der Höhe des Bewusstseins sich
geltend machen. Die Forderungen der Moral, welche selbst aus
dem Wesen des Bewusstseins hervorgehen, müssen um so
klarer und somit um so lebendiger und eindringlicher sein,
je klarer dieses Bewusstsein selbst ist. „Gehen alle sittlichen
Forderungen aus dem Wesen des Bewusstseins hervor, so werden
sie im Allgemeinen gerade soweit erkannt und anerkannt sein
als das Bewusstsein ein klares ist, und wenn nun die Bedingungen, unter welchen seine Entwicklung steht, diese niemals auf geradem Wege vor sich gehen lassen, sondern es
unvermeidlich machen, dass nach Örtern und Zeiten ganz verschiedene Irrtümer sich herausbilden, ganz verschiedene Par-
tieen des möglichen Bewustseinsinhaltes allein hervortreten,
hier diese dort jene thatsächlichen Zusammenhänge unter den
Dingen und Ereignissen am wichtigsten erscheinen, somit immer
an verschiedene Kräfte des Menschen appellirt wird und ganz
verschiedene Beteiligungen desselben sich ausbilden, so werden
auch die Wertschätzungen, die Gefühlsweisen und Neigungen

[1]) Gr. z. E. u. R. 147. Schuppe.
[2]) cf. Gr. d. E. u. R. 148 u. fd. Schuppe.

ebenso verschieden sein und so ist es sehr begreiflich, dass
bei verschiedenen Völkern und in verschiedenen Zeiten ganz
verschiedene Stücke des Sittengesetzes annährend klar bewusst
sind und geübt werden, während in Beziehung auf den Rest
bei ihnen keine Spur von Gewissen vorhanden ist"[1]. Der
Zusammenhang sittlicher Anforderungen mit der Hochschätzung
des Bewusstseins ist nicht überall zu gleicher Zeit als klare
Erkenntnis in's Bewusstsein getreten. Wie die sittlichen Normen
aus dem Bewusstsein stammen und sich geltend machen, hat
uns zuerst Schuppe's Ethik gezeigt. Schuppe sagt: „dass
die Forderungen der Moral aus dem Wesen des Bewusstseins
hervorgehen, dass sie um so klarer und somit um so lebendiger und eindringlicher sein müssen, je klarer dieses selbst ist,
dass im Prinzipe das Gefühl den Vorstellungen folgt und nur
besondere erklärungsbedürftige Umstände und Verhältnisse
Ausnahmen ermöglichen, dass also im Ganzen von diesen
letzteren abgesehen — Gesinnung und Handlungsweise thatsächlich den Klarheitsgraden des Bewusstseins und den aus diesen
hervorgehenden klar bewussten Anforderungen der Moral entsprechen, das ist es, was ich behaupte und diese Behauptung
wird im Grossen und Ganzen von der Erfahrung auch be-
stätigt"[2].

Fragen wir nun, wie der Widerspruch im Denken und
in der Wertschätzung kommt und wie man ihn beseitigt, so
gilt es zu bedenken, dass je mehr von der Denkthätigkeit
durchdrungen ist, in desto höherem Grade es Inhalt des Bewusstseins ist und um so intensiver das Ich sich selbst
findet in diesem Inhalte als dem seinigen und um so heller
und klarer, um so grösser das Bewusstsein wird. Je höher
entwickelt dieses ist und sich geltend macht, desto intensiver
wird auch die eigene Existenz geschätzt und desto grösserer
Wert wird ihr beigelegt. Es liegt so im Bewusstsein das
Prinzip aller Wertschätzung. Der oben genannte Erkenntnistrieb findet hierdurch erst seine Erklärung. „Es gehört zum
Begriffe des Bewusstseins, dass das bewusste Wesen eben diese

[1] Gr. z. E. u. R. 169. Schuppe.
[2] Gr. z. E. u. R. 164. Schuppe.

seine Existenz bejaht und will, und naturgemäss da es eben das Bewusstsein ist, das aus sich selbst und um seiner selbst willen Lust gewährt, auch seine Steigerung als Erhöhung dieser Lust wollen muss. Seine Steigerung beruht eben in der Erhöhung des Klarheits- und Helligkeitsgrades" [1]. Widerspruch in dem Inhalte des Bewusstseins ist unerträgbar. Unklarheit schafft aus sich selbst Unlust, sie setzt die Klarheit des Bewusstseins herab und hebt denkendes Bewusstsein auf, so ist die unausweichliche Konsequenz hiervon das unaufhörliche Streben, jeden Widerspruch aufzuheben. „Wie er aufgehoben werden kann, begreift sich erst, wenn man erwägt, wie er zu stande kommen kann, und dies wiederum erst, wenn man die Operationen des Denkens mit den eigentümlichen Schwierigkeiten, die aus der Natur des Materials einerseits und aus der ganzen condicio humana andererseits fliessen, in Betracht zieht" [2].

Das Streben und Ringen nach absoluter widerspruchsloser Klarheit ist verständlich allein durch die absolute Wertschätzung dieser Klarheit. Diese ist das An-sich-Wahre und somit auf's engste mit dem An-sich-Guten verbunden. Das An-sich-Gute ist eben dieses An-sich-Wahre. Nur begrifflich ist es möglich, beide zu trennen; faktisch kennen wir sie aus unserem inneren Leben nur in engster Vereinigung.

Das ganze sittliche Problem kann durch diese Einsicht allein gelöst werden. Die Ethik hat es zu thun mit einer Wertschätzung. Diese musste dem subjektivem Geschmacke entzogen sein und dem Bewusstsein überhaupt angehören. In der Selbstbejahung des Bewusstseins konnte diese erblickt werden, denn es erwies sich ihre Notwendigkeit, mit der sie an's Bewusstsein geknüpft war. Wie sie mit dem Grundwesen des Bewusstseins (dem Denken) verbunden war, zeigte sich darin, dass ohne sie der Trieb zur Erweiterung unserer Erkenntnisse ein unerklärliches Rätsel bleiben musste. Die Gründung der Kant'schen Ethik durch seine Vernunft, d. i. die Grundnatur des

---

[1] Zeitschr. für Phil. u. phil. Kritik. Band 82. „Was sind Ideen". Schuppe.

[2] Zeitsch. für. Phil. u. phil. Kritik. „Was sind Ideen". Schuppe.

Denkens findet hier erst seine endgiltige Erklärung. In Kt.'s Achtung für's moralische Gesetz konnten wir die absolute Wertschätzung wiederfinden. Kt. sieht diese in der Vernunft verankert, aber wie dies geschieht, kann er uns nicht zeigen. Erst Schuppe's Ethik hat hier das angedeutete Problem, das bei Kt. eine falsche Formulierung bekommen hat, zur begrifflichen Klarheit gebracht. Die Achtung für's moralische Gesetz, die aus der Vernunft stammt, ist die mit der Grundnatur des Denkens auf's engste verbundene Wertschätzung des Bewusstseins überhaupt.

Kt. bezeichnete mit seiner „Sinnlichkeit" dasjenige, was der Vernunft entgegenarbeitet, den Widerstreit stiftet. Wir sahen oben bereits, dass, was Kt. unter „Sinnlichkeit" versteht, eben dasjenige sein musste, was das speciell Individuelle im Menschen ausmacht. Dieses liegt allein im Bewusstseinsinhalte. Nun sehen wir, dass das Bewusstsein durch seinen Inhalt verschiedene Gradunterschiede zeigt, sofern der Inhalt des Bewusstseins bei dem einen einen grösseren Umfang zeigt, bei dem anderen einen kleineren, sofern bei dem einen die Denkthätigkeit mehr durchdrungen hat als bei dem anderen. Kt.'s Sinnlichkeit bezeichnet dieses Denken der Einzelindividuen, welche das wahre Denken, d. i. die absolute widerspruchslose Klarheit nicht erreicht haben. Der höheren oder geringeren Bewusstseinsklarheit entsprach nun auch die mit dem Denken auf's engste verbundene Wertschätzung; diese ist also auch dementsprechend schwächer oder stärker. Somit bezeichnet Kt.'s „Sinnlichkeit", die auf das Denken der Einzelindividuen hinweist, zugleich mit die diesem entsprechende Wertschätzung. Wie die Sinnlichkeit die Vernunft hemmt, was es heisst, wenn Kt. von den Hindernissen der Vernunft spricht, der ganze Widerstreit von sinnlich und sittlich, bekommt erst von dieser gewonnenen Einsicht aus die endgiltige Erklärung.

Wir zeigten, dass das Bewusstsein nicht sich als konstante Grösse, sondern der Steigerung fähig zeigt. „Kein bestimmter Grad gehört zu seinem Begriffe, wie zu den Begriffen anderer Dinge ihre Grösse, und der ursprüngliche, irrevokable Wille muss wiederum mit logischer Konsequenz, jede Steigerung dieses Gutes wollen, die Lust an ihm muss mit jeder Erhöhung desselben zunehmen, und aus seinem Begriffe lässt sich eine endliche Grenze seiner Steigbarkeit nicht erkennen"[1]). Die höchste intellektuelle und moralische Vollkommenheit ist so denkbar, ja sie gehört zum Begriffe des Bewusstseins und schliesst sie als seine Bestimmung als den Innbegriff alles Willens und Strebens ein. Andererseits ist nun aber das Geschick der Menschheit und der Individuen, sich unter physiopsychologischen und historischen Bedingungen von einem denkbar niedrigsten Punkte an zu entwickeln, um schliesslich doch die Bestimmung und das Ziel der Menschheit nicht zu erreichen. Diesen Missklang, dieses Tragische in jeder Menschenexistenz kann nur eine metaphysische Spekulation zur Versöhnung bringen. Auch in der Kant'schen Ethik nehmen diese Gedanken einen weiten Raum ein. Hier kann nicht näher darauf eingegangen werden, da diese Arbeit nur die Grundfragen der Ethik zu behandeln und ihre Erklärung zu suchen hat.

Ein vielumstrittener Punkt der Kant'schen Ethik soll hier noch zur Erledigung kommen: Kt.'s „intelligibler Charakter". Die intelligible Welt ist die moralische Welt, sagt Kt., und die moralische Welt ist die Welt, in der die Vernunft ihren Sitz hat. Dieses Gebiet ist für unsere Erkenntnis nach Kt. verschlossen. So lässt uns Kt. in den letzten Fragen im Stich; er leugnet die Möglichkeit, hier zur vollen Aufklärung zu kommen. Das Gebiet, in dem die Vernunft ihre Existenz hat, scheint für das Wissen weniger zugänglich zu sein. Den Menschen als sittlichen setzt er in eine andere Welt. Wir sahen schon, dass er die Vernunft ein „Ding an sich" nannte, weil sie zeitlos, ewig existiert. Der Mensch als sittlicher ist durch eben diesen Charakter Bürger der ewigen Welt. Wir brauchen auf die näheren Gedanken dieser Art nicht einzugehen. Das metaphysische Bedürfnis, das alle ethische Fragen durchzieht, macht sich hier bei Kt. auch geltend.

[1]) Schuppe, Gr. z. E. u. R. 157. 158.

Der Fehler dieser Phantasiegebäude liegt darin, dass diese abstrakte Welt für sich existieren soll. Das logische Fürsichsein wird dadurch zum realen gemacht. Halten wir daran fest, dass die Vernunft, d. i. das gattungsmässige Bewusstsein, ein Abstraktum ist, welches in jedem individuellen Ich sich findet, so sind wir vor kühnen Exkursionen in eine geheimnisvolle Welt bewahrt. Dieses Verhältnis gilt es stets zu berücksichtigen. Die sittliche oder vernünftige Natur des Menschen ist im Bewusstseinsindividuum selbst zu suchen; diese Natur, wenn man den Ausdruck brauchen will, ist im Einzelindividuum als sein gattungsmässiges Merkmal enthalten. Die Vernunft wird durch den Ding-an-sich-Charakter, den ihr Kt. beilegt, ein geheimnisvolles Etwas, das, wie Kt. es ansieht, allerdings unergründlich ist. Wir erkannten die Vernunft als Abstraktum, dann gilt es aber diese in ihrer Eigenart als Abstraktum festzuhalten und sie nicht als Konkretum zu behandeln, wie wir sie bei Kt. finden. Als Abstraktum ist sie dann auch etwas Wirkliches wie ja das andere, nur ist sie nicht selbst ein Individuum.

Wie wir die Kant'sche Vernunft als Konkretum ablehnen müssen, so auch seinen autonomen Willen, sofern er sich auch als Konkretum erweist. Die Autonomie des Willens ist nach Kt. die Eigenschaft des Willens, sich selbst ein Gesetz zu sein. „Was kann denn wohl die Freiheit des Willens sonst sein, als Autonomie und die Eigenschaft des Willens, sich selbst ein Gesetz zu sein[1]). Autonomie bezeichnet also die Fähigkeit des Menschen, selbst gesetzgebend zu sein. Nur solche Gesetze werden von ihm verlangt, die er sich selbst gegeben hat, die aus seiner Vernunft stammen. Wie dies zu deuten ist und welche Bedeutung Kt.'s autonomer Wille für die Ethik hat, sahen wir oben schon. Die Stellung aber und Form, die der autonome Wille in Kt.'s System einnimmt, lässt folgendes gegen ihn vorbringen. Vom Standpunkte der Psychologie lässt sich dies gegen ihn anführen: „Gemeiniglich verfällt man in den Fehler, von der ursächlichen Bestimmtheit

[1] Gr. z. M. d. S. 75.

der Seele oder dem Willen als einem auch für sich allein
Wirkenden, in uns Thätigen zu reden[1]); — „Die ursächliche
Bestimmtheit des Bewusstseins allein für sich hat keine Wirkung
aufzuweisen"[2]) — „Wann immer wir Wirken der Seele fest-
stellen, das sich auf das ursächliche Bewusstsein gründet, niemals findet sich, dass dieses Bewusstsein das wirkende genannt
werden dürfte allein in Ansehung seiner ursächlichen Bestimmtheit, sondern nur als das in dem vorhergegangenen
Augenblicke gegebene Ganze, gegenständlich — zuständlich
und ursächlich bestimmte Bewusstsein."[3]) Wir kennen unser
Bewusstsein nur in der Einheit und dem notwendigen Zusammen
von seinen 3 Bewusstseinsbestimmtheiten, dem gegenständlichen
Bewusstsein (Denken), dem zuständlichen (Fühlen), und dem
ursächlichen (Wollen). Jede Bewusstseinsbestimmtheit aus ihrem
Zusammenhange genommen, hat keine reale Existenz mehr,
sondern existiert nur noch in der logischen Abstraktion. So
muss sich unser Bedenken gegen diesen autonomen Willen als
etwas Konkretes richten. Dieser autonome, freie Wille soll
durch nichts bestimmt sein. Wir haben schon gesagt, dass es
thatsächlich solchen Willen nicht geben kann. Jeder Wille ruht
auf dem Gefühle. Wie soll nun weiter der Wille aus ureigenster
Spontaneität ohne irgendwelche anregende Ursache existieren?

Kt.'s Sinn geht nun dahin: Autonomie des Willens
ist die Eigenschaft des Willens eben dessen, der dem Bewusstsein überhaupt eignet, sich selbst ein Gesetz zu sein.
Autonomie des Willens ist die Eigenschaft der reinen Vernunft
in praktischer Hinsicht, d. i. die praktische Vernunft. Autonomie des Willens macht das Wesen der praktischen Vernunft
aus. In dem Worte „praktische" Vernunft wird das Bewusstsein überhaupt als wollendes bezeichnet. Der Fehler Kt.'s
liegt hier darin, dass das Abstraktum „praktische Vernunft"
wieder als Konkretum gedacht ist, als ein selbst Wirkendes.
Kt. hat darin recht, dass es ein Wollen giebt, das absolut notwendig ist, weil es an das Bewusstsein überhaupt geknüpft

---

[1]) Lehrbuch d. allgem. Psychologie. S. 369. Rehmke.
[2]) Ebenda. 369 u. 370.
[3]) Ebend. 369 u. 370.

ist. Wir haben uns aber gegen Kt. zu wenden, wenn er annimmt, dass der Wille nicht vermittelst eines dazwischen kommenden Gefühls bestimmt werde und zweitens, dass die praktische Vernunft als Konkretum hier gebraucht wird. Es ist daran festzuhalten, dass sie nur ein Abstraktum sein kann und dass das objektive giltige Wollen eben dasjenige, welches zum Bewusstsein überhaupt gehört, auf eine objektive Wertschätzung hinweisen muss, die eben auch im Bewusstsein überhaupt gegründet ist. Wie Kt.'s Wille, d. i. praktische Vernunft, sich selbst ein Gesetz sein kann, bleibt unerklärt. Das Bewusstsein überhaupt in praktischer Hinsicht angesehen, die praktische Vernunft kann nicht so losgelöst existieren, denn wie im Einzelbewusstsein jeder Wille reducierbar ist auf ein Gefühl, so muss auch der Zusammenhang des objektiven Wollens mit der objektiven Wertschätzung beibehalten werden. Die praktische Vernunft kann für uns keinen Wert haben, solange der eigentliche Zusammenhang wie in Kt.'s System unaufgeklärt bleibt. Kt. vermochte die Erklärung nicht zu geben. Er sagt selbst: „Wie reine Vernunft praktisch sein könne, dazu ist alle menschliche Vernunft gänzlich unvermögend und alle Mühe und Arbeit, hiervon Erklärung zu suchen, ist verloren." Was Kt. hinderte, hier alle Erklärungsversuche für verlorne Mühe zu achten, ist begründet in seiner Auffassung der Vernunft, die ihm als Bewusstsein überhaupt, wie wir sie interpretieren mussten, nicht klar war. Kt. erkannte die völlige Verschiedenheit des sittlichen Willens von dem sonstigen Willen des Menschen, er ist durch nichts bestimmt, sondern gründet sich auf das Bewusstsein überhaupt. Dass der sittliche Wille dadurch nun mit den sinnlichen Antriebe nichts zu thun hat, müssen wir Kt. eingestehen wie auch das, dass der sittliche Wille der Wille ist, der zum Bewusstsein überhaupt gehört. Aber dass der Wille nun im Bewusstsein überhaupt liege, ohne auf einer Wertschätzung zu ruhen, die eben auch zum Bewusstsein überhaupt gehört, darin dürfen wir Kt. nicht folgen. Der absolute Wille muss

---

¹) Gr. z. M. d. S. 92.

auf einer absoluten Wertschätzung ruhen. Diese absolute
Wertschätzung ist aber nur eine reine Abstraktion, solange
man die Wertschätzung ohne die sie hervorbringende Ursache
in's Auge fasst. Jede Gefühlswirkung gehört eben zum Wesen
des sie hervorbringenden Dinges[1]). Wie die logischen
Prädikate den Dingen angehören, so auch die Gefühlsweisen,
denn so existieren überhaupt nur die Dinge für uns. Wir
bewegen uns sonst auf dem Boden der reinen Abstraktion,
denn nur begrifflich ist die Scheidung möglich. Das gesuchte
Objekt ist hier das Bewusstsein überhaupt, das gattungsmässige Bewusstsein. Dies ist das absolute Wertvolle, und
die unvermeidliche, absolute Wertschätzung ist die Lust an
der bewussten Existenz oder am Bewusstsein.

Die vorliegende Untersuchung kann hier abschliessen.
Ist die ganze Kant'sche Ethik in all ihren Teilen und Ausführungen noch nicht erledigt, so sind doch die Grundgedanken
dieser einer näheren Betrachtung unterzogen. Auf diese wollte
Verf. den Blick nur gelenkt sehen und aus ihnen die Bedeutung der Kant'schen Ethik erweisen.

Es kann dieser Arbeit vielleicht der Vorwurf gemacht
werden, dass Kt. gar zu sehr über ihn hinaus interpretiert sei. Um
die Lebensfähigkeit der Kant'schen Grundgedanken aber zu verstehen, mussten die sich ergebenden Konsequenzen zuweilen
stärker in den Vordergrund treten und deren Richtigkeit nachgewiesen werden. In Kt.'s Ethik sind so nicht stillschweigend andere
Gedanken hineingeschoben, sondern wir haben an die ethischen
Untersuchungen Kt.'s direkt angeknüpft und aus ihnen Konsequenzen gezogen. Die Resultate der Schuppe'schen Ethik
mussten hier eingeführt werden, denn in dieser konnten wir
in begrifflicher Klarheit Kt.'s Grundgedanken wiederfinden. Wir sahen hier die Konsequenzen aus Kt.'s Arbeit
gezogen und das bei Kt. unklar gelöste Problem zu klarer
Formulierung gebracht. Wurden die entwickelten Gedanken

---

[1]) Gr. d. E. u. R. 39 fd. Schuppe.

nun stets auf Kt. zurückgeführt als ihren ersten Schöpfer, so ist damit der Schuppe'schen Ethik kein Abbruch gethan. Schuppe sagt selbst: „Absolute neue Standpunkte sind nicht mehr zu finden, die Wahrheit ist an und für sich nicht so verborgen, dass sie bisher noch von Niemandem berührt wäre. Vielmehr ist es immer die Unklarheit der Begriffe, die Flüchtigkeit und Inkonsequenz der Betrachtung, in Folge deren die von selbst sich darbietenden Wahrheiten wieder verdunkelt werden und durch falsche Folgerungen, die man an sie geknüpft wähnt, unbrauchbar erscheinen"[1]). Kt.'s Arbeit braucht deshalb nicht herabgesetzt zu werden. Kt. ist vielmehr im eigentlichen Sinne der Begründer einer wissenschaftlichen Ethik. Dass er nicht gleich das letzte Wort sprach, ist doch wohl kein Vorwurf für ihn, denn wir wissen, dass wissenschaftliche Fragen meist nur allmälig zu einer klaren Formulierung kommen; es ist eben die Entwicklungsgeschichte wissenschaftlicher Probleme abhängig von der Entwicklungsgeschichte individueller Menschen.

---

[1]) Schuppe: Gr. z. E. u. R. 4.

Schluss.

Wir vergegenwärtigen uns kurz die Ergebnisse unserer
Untersuchung. Wir konnten von einer Doppelseitigkeit der Kant'schen
Ethik reden; denn Kt.'s Ethik weist auf der einen Seite das
rein formale Moralprinzip auf, auf der anderen zeigt dieses
doch eine inhaltliche Bestimmung, denn das Gesetz der Gesetzmässigkeit verwandelt sich in ein Gesetz von der Wahrung
der Menschenwürde. Durch Kt.'s Untersuchungen, die ihn
zu seinem formalen Systeme brachten, ist es ihm gelungen,
die Haltlosigkeit jeder empiristischen Ethik nachzuweisen. Kt.
hat dadurch zugleich die Lösung des Problems auf das Gebiet
des Abstrakten, Unveränderlichen verwiesen, auf dem allein
Notwendigkeitsaussagen möglich sind. Kt. führt uns auf den
Boden des Apriorismus. Er sucht das Sittengesetz a priori
zu begründen. Er sieht es gesichert, indem er es aus der
Vernunft des Menschen stammend nachweist. Die Vernunft
erweist sich nun als Bewusstsein überhaupt, ein Abstraktum.
Die Ethik ist also begründet durch das Bewusstsein überhaupt, darin liegt ihre Objektivität. Kt. sucht dann das
Problem des sittlich und unsittlich zu lösen durch seine ver-
nünftige und sinnliche Natur im Menschen. Erkannten wir
schon die vernünftige Natur als das gattungsmässige Bewusstsein im Individuellen, so konnten wir in der sinnlichen Natur
dasjenige ausgedrückt sehen, was sich auf das speciell
Individuelle im Menschen bezieht. Die Lösung des Problems
ist aber dadurch noch nicht erreicht. Wir mussten weitere
Konsequenzen aus Kt's richtigen Ansätzen machen, um zur
Lösung zu kommen. Die Schuppe'sche Ethik hat hier die
Kant'schen Grundgedanken zur weiteren Entwickelung gebracht und hier Klärung geschaffen. Schuppe rechnet in
seiner Ethik mit einer Wertschätzung also einem Gefühle,
das Kt. abgewiesen hatte, weil er es nur abhängig sah vom
subjektiven Geschmacke. Es ergab sich aber, dass in der

Selbstbejahung des Bewusstseins ein zum Wesen des Menschen
gehöriges Gefühl gefunden werden konnte. Hier ist also eine
absolute unvermeidliche Wertschätzung, die des Bewusstseins
überhaupt. wie sich ergab, entdeckt, die Schuppe als
Prinzip der Ethik rechtfertigt. Kt. rechnet im Grunde auch
mit einer Wertschätzung in der Achtung für's analysische
Gesetz. In dieser konnten wir die Schuppe'sche absolute
Wertschätzung des Bewusstseins wiedererkennen. Diese
Wertschätzung sahen wir unzertrennlich verbunden mit
dem Wesen des Menschen selbst. Sein Wesen besteht im
Bewusstsein - Denken. Je klarer dem Denken sein Denken
selbst, je grösser das Bewusstsein wird, um so energischer
bethätigt sich auch die Wertschätzung. Aus dem Wesen des
Bewusstseins gehen alle Forderungen der Moral hervor. Kt.'s
Gründung der Ethik auf die Vernunft. die sich als Grundnatur des Denkens ergab. bekommt hierdurch erst ihre endgiltige Erklärung. Betonte es Kt., dass die Vernunft den
Willen unmittelbar bestimmen müsse, so sehen wir von hieraus.
dass dies nur verständlich wird durch die Hochschätzung der
Vernunft d. i. des Bewusstseins überhaupt. Schliesslich
musste noch Kt.'s intelligibler Charakter und seine Autonomie
oder Freiheit des Willens, wodurch Kt. ein richtiges Problem
in eine falsche Fassung gebracht hat, in ihrer Stellung, die
Kt. ihnen in seinem System giebt, abgewiesen werden.

Die Bedeutung der Kant'schen Ethik hat Verf. so versucht darzulegen. Sie besteht nicht in Resultaten, die das
ethische Problem fraglos klar gelöst zeigen; die klare Formulierung giebt uns die Schuppe'sche Ethik. Kt. hat aber zuerst im Unterschiede von empiristischen Ethikern und psycho-
logischen Moralisten die Untersuchungen auf den Pflichtbegriff
gelenkt. Der Glaube, dass wir ein Gesetz des menschlichen
Handelns besitzen, musste nach seinem Rechte untersucht
werden. Kt. erweist nun diesen Glauben an ein Sittengesetz
als feste Gewissheit. Er gründet die Ethik sicher auf das
Bewusstsein überhaupt. Das specielle sittliche Problem vermochte Kt. nur ungenau darzulegen. Wir sahen aber Kt. auf
der richtigen Fährte. Die endgiltige Lösung hat erst Schuppe

uns hier gegeben. In dieser Ethik sehen wir in begrifflicher
Klarheit Kt.'s Grundgedanken vor uns. Dem wichtigen
Gedanken, den Kt. in seiner Achtung für das moralische
Gesetz unklar zum Ausdruck gebracht hat, erkennt erst
Schuppe in seiner Bedeutung und weist ihm den richtigen
Platz in der Ethik an. Kt.'s Achtung für's moralische
Gesetz war ein vom subjektiven Geschmacke unabhängiges,
dem Bewusstsein überhaupt eignendes Gefühl. Es zeigte
sich nun, dass Kt. hier nur die von Schuppe ausgesprochene absolute Wertschätzung des Bewusstseins meinen
kann. Schuppe sieht in dieser das Prinzip der Ethik. Mit
einer Wertschätzung muss die Ethik stets rechnen. Diese
Wertschätzung des Bewusstseins, welche selbst dem Bewusstsein überhaupt angehört, erweist sich als die unvermeidliche
absolute Wertschätzung, die sich zum Prinzip der Ethik eignet.
Hierdurch ist dann das ethische Problem zur Lösung gekommen.

Curriculum vitae.

Verfasser, Max Gottfried Rudolf Otto Brennekam, evangelischer Konfession, ist geboren am 30. Juli 1870 in Joachimsthal (Provinz Brandenburg). Er besuchte von Ostern 1885 bis Ostern 1891 das Kgl. Joachimthal'sche Gymnasium in Berlin, dem er 5 Jahre als Alumnus angehörte. Ostern 1891 verliess er mit dem Zeugnisse der Reife die Anstalt. Von da bis Ostern 1895 studierte er in Tübingen, Halle und Greifswald Theologie, Philologie und Philosophie. In Halle wurden seine Studien durch das militärische Dienstjahr unterbrochen. Er hörte die Vorlesungen folgender Herren Professoren und Dozenten:

In Tübingen:

Kübel, Spitta.

In Halle:

Beischlag, Burdach, Ficker, Haym, Hering, Kautsch, Loofs, Rothstein, Vaihinger.

In Greifswald:

Baethgen, Brendel, Bruinier, Cremer, Dalmer, Giesebrecht, von Nathusius, Rehmke, Reifferscheid, Schlatter, Schultze, Schuppe, Siebs, Ulmann, Zimmer, Zöckler.

Allen diesen seinen hochverehrten Herrn Lehrern ist Verfasser zu grösstem Danke verpflichtet. Besonders aber spreche ich Herrn Geheimrat Schuppe und Herrn Professor Rehmke, die mich in meinen philosophischen Studien aufs freundlichste hilfreich unterstützt haben, meinen tiefgefühltesten Dank aus.

Thesen.

I.

Kant ist im eigentlichen Sinne der Begründer der Ethik.

II.

Meinhold's Erklärung von der Zweisprachigkeit des Danielbuches ist nicht aufrecht zu halten.

III.

Die Kaiserchronik und das Rolandslied sind nicht von demselben Dichter verfasst, wie Edw. Schröder behauptet.